澗邊幽草——心理治療的藝術

王麗文　著

作者簡介

王麗文

學歷：美國肯塔基大學教育與諮商心理學博士。

洛杉磯Reiss-Davis兒童心理分析中心博士後臨床研究員訓練結業。

曾任：洛杉磯灣區心理衛生中心心理治療師。

現任：專業心理顧問，及台灣師大、清大及輔大兼任副教授，具有七年以上心理科臨床經驗。

自序

寫這本書的目的，是想要將一部分精神疾病、情緒問題、人格發展問題等的現象，做一個「人性化」的介紹，因為這些問題天天以不同的面貌出現，就存在你我之間，我們需要了解這些現象與問題。

書中談及的故事，有些是直接來自臨床經驗，有些是從間接的聽聞而來。為了做多層次的介紹，每個故事都綜合了幾個故事在一起，並畫了些妝，加入一些在當場來不及說的話。有些人看了這些故事，也許會感覺和自己的故事有點相應，這也是好現象，畢竟，屬於人的故事、感情，應該大同小異。

心理治療的過程，多半以「談話」為主，有時也配以其它活動，以加速或加深案主對問題的了解和解決。一個有焦點的心理談話，可以釋放人的心靈，增加人對生活該如何過下去的選擇。一個有效的心理談話，需要心理治療師能抓對問題焦點，能看見案主內心的開放速度，也需要案主的勇敢和追求成長的迫切性。

這本書的書寫方式側重以「對話」來表達心理談話如何進行的實況，以及個案在談話中的掙扎、情緒、想法上的變化。每篇故事結尾，則會針對由該故事所牽引出的一些想法與問題做些整理。

這本書裡的「菟絲花」、「蒲公英」、「霸王花」、「蘭花草」，是在闡述有精神病的人的生活、感情和衝突，以及與家人的關係。由於復健工作對精神病患的治療非常重要，所以有一篇「團隊復健」的介紹。「含憂草」則是描述心理治療如何幫助有「焦慮」和「憂鬱」症狀的人。

這本書可以當做故事書看，也可以給正在學習心理治療的人看，還可以給患病的人，以及有類似問題的人看，更可以給病患的家屬看，期待能引起討論和幫助。

歡迎所有的指教。

目錄

關於精神分裂症

精神分裂症是一種因大腦病變而產生的病，就像其它因生理病變而產生的病，如糖尿病、多重硬化症、風濕等病。精神分裂症是一種長期慢性病，無法根治，依靠藥物和心理治療，可以控制好大部分的症狀。病患會展現的症狀是思考邏輯混亂、幻聽、幻覺、幻想、情緒反常，造成工作、社交、家庭角色行爲退化。形成這種大腦病變的原因至今不明，原因也可能不止一個。

精神分裂症〔Schizofrenia〕有幾個種類：

一．僵直型〔Catatonic Type〕

二．混亂型〔Disorganized Type〕

三・**猜疑型**〔Paranoid Type〕

四・**混合型**〔Undifferentiated Type〕

五・**潛休型**〔Residual Type〕

精神分裂症的病患，有的壽命可達七十歲。患者的發病年齡，三分之二是在十六歲和二十五歲之間，男性多於女性。三十歲以後較少見，四十歲以後更少。

發病者在二十五歲到三十歲者，女性多於男性。所有患病者種類的獨立生活功能，以「猜疑型」的較好些。

發病癥象：

一・思考邏輯混亂。

二・五官知覺的真實與幻象間，分界混亂。

三・有不能自主的「幻聽」經驗。

四・大幅度的情緒失常、情緒自閉現象。

五・有思想內容被控制、聲稱思想內容不是自己的，或能控制別人的思想內容的經驗。

在美國：

一・每一千人中，有三・四人是患精神分裂症者。
二・每一年，有十萬人被診斷為精神分裂症。
三・每天，有六十萬各種精神分裂症患者在積極接受長期治療。
四・每年，用來幫助精神病患者的醫療、住院、各種社會福利、薪資損失的各項費用，達十億至二十億美金。

其他國家：

一・瑞典、挪威、西愛爾蘭、北捷克斯拉夫等國家，患病率較高。南歐國家和開發中國家，患病率較低。
二・患病率與美國相近的國家有臺灣、日本、英國、德國和丹麥。

另一種告白

身患著精神疾病，是一種痛苦的掙扎……

我萬不能相信，自己居然身患著一種精神疾病，而且是長期性的、猜疑型「精神分裂症」，就是我得的病的病名。

過去四年來，我努力著、希望著，能透過做「義工」的訓練，去和我的「殘障」共存。事實上，我仍不能接受我是「殘障」，尤其，我的「殘障」竟比我能想像的更「殘障」……

但是，我們之間，誰沒有一點「殘障」呢？你們之間，又有誰看得出來我的另一個「世界」、我的「缺陷」的？我的外表，看來正常無異。連我自己都不能相信……我的世界是「分裂」著的，「思考」之間的分裂，「情緒」之間的分裂，「知覺」與「不覺」之間的分裂，「真實」與「幻像」之間的分裂……

現在，我不接受，但是得承認我有病，同時，學著去認識這個病，認識這個病在我身上的影響。我會一直不停的學，不停的學……

謝謝所有幫助過我的人。

作者註：

這封信是去年春節時，一位病患寫給我的，那年她三十一歲，發病是在二十四歲。高中時代，她很漂亮，追她的男孩很多，她的功課好，待人也好。現在，病情好的時候，她每天會做很好的電腦輸入工作，每次可持續工作兩小時，每天可做四小時。病情不好時，整個人像換了一個人，猜疑、恐懼、亂發脾氣、整夜不睡、到處躲著人，這時就得休息四個到八個星期，加強藥物與心理治療，穩定後再恢復工作。能寫出這樣的信，證明她是很有「病識感」的人，也就是知道自己有病，對於治療也很接受與合作。

這樣的病人，家人照顧起來比較輕鬆些，而且家人也會從照顧這樣的病人裡，對人、生命的不幸，多些了解，對自己多些珍重。

一、菟絲花

女主角「茜茜」的個性像「菟絲花」，柔弱無主，今年三十歲，是「猜疑型精神分裂症」病患，發病期約在十五、六歲時，她能撐著唸完大學，很不尋常。她的病情隨年齡增長而惡化，二十二歲時是她的各種生活功能全面混亂失常的開始，也是她的父母開始逃避她的時候。她的父母從開始就「不能承認」她有病，到病情惡化後，又「不能接受」她有病，也不想知道她到底有甚麼病，以及如何幫助她。我與茜茜認識了半年多，她現在清楚自己有病，需要治療，平均每個星期我們都會見面晤談一次，這個故事就是透過和她的一次晤談內容而寫下的。

※　※　※

❖心事重重

那天早上，茜茜穿著淺青色的寬大T恤，緊身棉褲，乾淨的球鞋。在走到晤談室的路上，她抱歉又語意不清的說：

「我本來有事煩我的，——但是現在都沒事了！」

「是嗎？」我看著她的眼睛。

她羞赧的笑笑，眼睛看著地上，整個人看起來很無奈。她的自愛小心，是她的特點，也是弱點。

在晤談室坐下後，我看看她：「妳先吃三明治吧，免得餓了，……」她手裡拿著三明治，袋子都擠成一團了。

「可以嗎？……我可以？」她還想把袋子擠小一點，藏起來。

「不要餓著了。」我哄著她，她對我並無所求。

不是每個人我都同意可以邊吃邊談。

她笑了，細心的墊張衛生紙在兩腿上，小小口的咬著她的早餐。

她能聽話早起來這裡，我已很滿意。她若不早起，就會拖過了早上服藥的時間，那就糟了。她一不吃藥，情緒就會失控，「幻聽」就會如潮而來。

依她的病史來看，她在按時接受治療時，還有可能井井有條的做好上班時的工作。她有電腦繪圖的學士學位，也有繪畫的才氣。

她的精神科醫生很盡責，常和我談她的病情，給我寶貴的提醒。我們都明白她的「心智」、「社交」功能很好，是「自卑」以及「精神分裂症」讓她受著折磨，她的人格特質也很可愛。

「跟妳說——」她笑著，「我早上刷牙時，看到牙齒，就聯想到藥丸，我就吃藥了，這方法很好，很簡單——就像妳說的。」

我也笑了：「是呀，每天都要練習的。」她不喜歡吃藥，藥提醒她有病，但是她又知道不能不吃，於是就吃吃忘忘的，我們認識半年多了。

她吃了幾口麵包，突然若有所思的停止了咀嚼，眼神憂鬱起來……

「我和『台明』（她的男朋友）吵架了——是上星期五，他生氣，就不要我和他一起去朋友家聚餐……我很氣，但想——不去，就不去嘍！」她開始告訴我發生了甚麼事，聲音是淡然的，說完卻咯咯的笑起來。

「我後來——打電話給『小梅』，她說我應該離開台明，沒有必要接受這種氣。小梅說我怎麼老是碰到『霸道』的男人？」她皺著眉，又咯咯的笑，像說的是別人的事。

有時，我依然擔心她真會以爲她說的是別人的事。

「他不准——不帶妳去聚餐，妳——有甚麼感覺？」我問。

「我想……」她收起笑，正色起來，「他不要我去就不去，他——也許有他的想法。那個晚上我七點就上床了，不錯——」又咯咯笑，「我睡得不錯，很久沒睡那麼久了！」我愣了一秒，那是個方便自殺的晚上。

我看著她，想用我的認真喚起她的勇敢——

「我是問妳的『感覺』？」她聽見了我聲音裡的堅持和擔心。她的臉色慢慢下沉著，試著維持平靜，雙手捧著三明治，眼看著前方的沙發腳：「我覺得——他傷害了我，——他沒有理由不帶我去。他的理由我並不以爲好，他說要我爲我那天早上做錯的事道歉，——我是道歉了，」她看我，「可是，他又不喜歡我道歉的態度，一怒，就說不帶我出門了。」她含著淚笑，「他到底要的是甚麼？爲甚麼這樣處罰我？我從來不會這樣對他的，我一直都給他機會解釋事情——任何事情……」她吃不下她的三明治了。

欲加之罪，何患無辭？這兩、三個月來，台明一直想跟她分手。

❖精神分裂

「那個晚上——我忽然聽到好多『聲音』……好多人說話，要我去這裡、去那裡，罵我笨、沒有活下去的必要……好多人說話，亂七八糟……我怎麼做都不能停下那些聲音……」她停了停。

「我沒有睡好，頭非常痛，結果，他回來我也知道。我不要他看到我哭，很丟臉，我裝睡，頭更痛，用力敲也沒用，所以——」她看著我，有點抱歉，「第二天我馬上打電話給妳，要提早幾天看妳——可是現在一切又過去了。」

我們通常是一個星期做一次心理晤談。

「妳知道嗎?他正計畫我們的將來，他希望他開飯店的時候，我能在他身邊幫忙。」她又開始咬起三明治，剎時充滿希望。她分不清真像、假像，更不想分。

她在自尊受擊、希望落空時，情緒極易落入低潮，無力自拔，幻聽、幻覺都會激烈的出現。她曾經自殺過兩次，一次是失戀後，另一次是被強暴，生了孩子，在孩子被強迫領養後。她沒有能力和精力扶養孩子，她知道，也令她更不堪。

她怕失去台明，她說過台明是第一個能尊重她的男人。

她是在唸完大學後，二十二歲，精神病相才嚴重的全面出現，經常記憶混淆，說話、思緒都失去邏輯，自覺自制的能力渙失，重視打扮與虛榮，用錢開始無度，日夜作息失常，老聽見收音機、電視機裡有人在談她心裡的秘密，連鄰居在門口散步，她也以爲人家是在給她「性」暗示。

❖歷盡滄桑

曾經，她交過幾個男朋友，而那些男人多半都把她當「性」工具，有時逼她陪朋友睡覺賺買煙錢，有時叫她衣衫破舊的在路邊要錢。她不知道自己有些姿色，在威脅下既不敢跑掉，也不懂得跑。她相信自己就像那些男人說的：笨，而且應該打扮自己、服從男人。她在地獄裡過了幾年，清楚記得那種恐怖。

有一回，她的一個男朋友販毒，企圖推責任給她，被一個對精神病有認識的警察識破，把她給救了出來，因爲無法聯絡到父母，就幫她住進了療養院，首度接受治療，恢復了些神智，那年她已二十七歲了。療養院的人還幫她申請到了社會福利金，也安排她住進了「中途之家」。

「中途之家」是私人經營的宿舍，管吃管住，並且會安排接送精神病患就醫，或去接受心理及職業復健的訓練。宿舍負責人每月按時從政府處收取費用，政府每年會派人檢查宿舍的經營是否依契約而行。住在「中途之家」的病人，有的是自願的，有的是無親無故的，有的是被家人半放棄的。茜茜是自願的，因爲家人不能接受她。這也不能怪誰，從長遠看，專業人員也常鼓勵病患住進中途之家，與親人保持一些距離，讓彼此有喘氣的空間，而家人仍須站在支持的立場，給予愛和協助。當家人之間視病患如「瘟疫」，不敢接受、不敢公開、不敢面對，病人的內心會更失去與病抗爭的動機。當然，這個社會大眾的「眼光」，也要負責任。

茜茜對男性很懼怕，卻同時又很依賴、需要男人，這跟她的家庭背景有關。她的父親很保守，而且相信女人永遠要依靠男人，至於母親，只是一個背景人物。

「妳怕失去台明？」我不是問她，是想和她討論進去。

「是——也不是，」她想著，「如果他繼續這樣對我，我——是不是離開他才好？」她認真的問，臉上看來沒有自己的想法。

我知道離開他也許好，但事情不單純。一方面她有精神病，而台明自己也是「精神分裂症」病患，他們在經歷分分合合時的掙扎、痛苦和後遺症時，由於個人自覺力很低，不但難預測，也更難收拾。另一方面，在一起時，縱然折磨苦多，但他們更怕孤單，只渴求有個「陪伴」，不管是「被虐」或是「虐人」的伴。

很多精神病患對「性」與「寂寞」沒有自我調理的能力，很容易因爲這兩方面的問題，而引起情緒上、思考上以及行爲上的混亂與失控，失控後又覺得羞恥不堪，更會逃避現實，增加心理復健的困難。

所以答案不是簡單的「離開」與否。

「可是——我又想——我其實最大的問題是『不敢』表達清楚，也『不會』表達清楚自己的意思感覺——」沒錯！她找到了問題。

❖有家歸不得

「我記得——以前我爸常打我，說我不聽他的話、說我壞，捏造『聲音』來騙他，故意彆扭！」她睜著眼睛，千真萬確的說——

「那時，我真的聽到有『聲音』告訴我趕快逃，——『聲音』還告訴我有很多人要殺他，他不信，一直打我——一直打我，打我——我一急，出口就更錯，我媽就用肥皂洗我的嘴，要把不吉利的話洗掉——我吃了好多、好多肥皂——味道好噁心——我一直哭——一直哭。」她快速的眨著眼睛……

「我不是故意的，真的不是故意的，——我想停止誤會，我真想要大家不要那樣生氣……我很急，我就用手用力打，想打掉那些聲音，他們就用繩子綁住了我，說我是想打他們——」她哭著，淚流不住，臉色卻板板的，好像回到那個時候，又像在另一個空間裡。

「可是，我就是會說錯話，他愈打——很奇怪，我聽到的聲音愈多……

」她兩手繞著頭，比畫著揮不去的聲音，像努力要追憶清楚甚麼，恍惚間，卻又溜走了，「我根本不知道怎麼爲自己講話……」她的聲音細微下去，滿心混亂、無助、又認命。

她的身子是坐直的，但卻讓人覺得她快倒了。

我目不轉睛的聽著，想抱住她，她看我，有感覺到。

她嘆了一口長氣，一種即使絕望也要挺住的明白在支撐著她，「他們從來不等我說完我要說的，當然，我根本就說不清楚，我連事情都記不清楚……不怪他們。」她端詳著三明治，找到了一個方向下口。

我遞給她衛生紙，不然，就算到談話結束，走出門，她也不會記得要擦乾臉上的眼淚和鼻涕。我也擦了擦自己的眼睛。

「妳——爲甚麼？——爲我難過？」她直看著我，她的表情，讓我想起「天天天藍」裡的孩子說：「爲甚麼妳的眼睛會出汗？」

「對不起，……」我承認。

「喔——是我對不起，讓妳——沒有人爲我難過過……」她沉默下來。

「他們不懂，不能了解，也——也許是不敢去了解。」我急切起來，

「對不起，父母，也一樣……」

「也許——吧！我的兄妹，只有在聖誕節——才通個電話——」她笑笑，「可是，我雖然是想和家人在一起，但又不知道要跟他們說甚麼？在一起時，我又經常做錯事，弄不清楚他們到底要我做甚麼，總是挨罵，然後就更難說話，更會忘東忘西，一場糊塗的……也許電話上聽聽聲音也好？——」她難過、自嘲著。

「現在就學，學表達，學習掌握自己，不容易，但是可以學。」我肯定的鼓勵她。

❖ 那裡跌那裡爬

學習溝通、自我表達、改善記憶，本來就是精神病患的主要復健目標之一，學多少算多少。

「妳認爲我還能學怎麼去思考、說話？——」她笑笑，看著我，聲音裡居然有對我的體諒。

「我很容易被打敗，特別是在面對著台明的時候，每回他一生氣，我就沒有再繼續說話的勇氣了！他老是說我太依賴他，怪我不去修完夜大的課，將來找不到事做就好看！」她搖搖頭，「其實——他也很依賴我，是他看不見！」我驚喜她的腦筋亮起來了。

半年來，她偶爾去夜大修課，是爲了回憶起忘記的東西。她發病後，病況急速惡化，過去修過的電腦課，現在至少忘了一半。她知道自己有個電腦繪圖的學位，但已失去正常的與人互動、溝通、合作、完成工作任務的就業能力，只能做簡單的電腦輸入工作，壓力較少。

她的發病背景自己也不十分清楚，據說「幻聽」、「幻想」的癥狀是在上了初中就有，但仍能高中畢業，還考上私立大學，完成了學業，這是不多見的，也更讓人心痛，惆悵精神病所給予人的無奈。

她的父母親從來沒與我聯絡過，到現在也不承認她有病。猜想當初，學校老師大約也是遷就父母的自尊，而馬虎包容下去，當然也延誤了「治療」、「復健」的時機。

緣起

她和台明在一年前相遇時，正是雙方按時接受治療、服藥、勤於參與復健活動、精神狀態最好的時候。那時的台明，衣衫整齊、說話得體、舉止正常，還可以在一個名餐廳做二師父，他做的甜點的確一流，我們都吃過。而她，真是氣質溫婉、坐有坐相、站有站相，穿衣配色，連我都忍不住想要請教她。

那陣子，她兼做兩個半工，收入滿意。不久，由於她和台明談得來，兩人都需要伴侶——他覺得跟她在一起很快樂，她也覺得安心而且甜美——我只有祝福他們。

在心理晤談時，我和她談過避孕、婚姻、家計，以及如何處理今後兩人世界要面對的挑戰，她決定和台明先同居。我和她的精神科醫生都明白，今後她的世界會更複雜，她的心情也會因之而更不穩，這些都會影響到對病情的控制。可是這是她的選擇與權利，我們只能尊重她。我們能做的是幫她分析利與弊，輔導她，幸運的話，在事先避免掉一些不必要的傷害。

他們同居四個月後，台明的精神狀態先起變化。他在持續六個月的高峰期後，由於全時工作的壓力大（他總不承認），再加上自以爲病可能好了，因爲「幻聽」、「幻想」都若有若無，可以控制了，就自己決定把藥停了，也沒跟他的心理師、精神科醫生說。每天下了班，就靠喝酒來放鬆，再不就找朋友瞎玩、殺時間，用掉過多的精力。這種「亢奮」的本身，就是一種問題，但他不察覺。

❖緣滅

接著，她的生活就發生問題。台明因爲衝動，和大師父吵架，丟盤子，被炒了魷魚。從此台明就拒絕再看醫生，天天晚上出去，也不對她說去哪兒，直到凌晨兩、三點才回家。她因爲擔心、自責、害怕離開他，就更焦慮。台明有一陣子不准她看病，她就不敢來，藥也不吃了，因爲台明譏她有病才吃藥。這樣拖拖拉拉一陣子，因爲每夜等待遲遲不歸的台明，早上就起不了床，沒去上班，也沒請假，兩個半工，丟了一個。再後來，她不想活了，也記起了趕快再來找我。

我第一步先幫她恢復了吃藥，教她每天早上刷牙時，看到白白貝齒，就想起白白藥丸，她的牙齒真好看！

現在，他們的關係是在走向結束中。台明一直想離開她，理由是：他不願接受女朋友的病況比他嚴重。

這對她是很大的打擊，她現在覺得台明沒有利用過她，但是也並不真愛她，然而，她也知道自己仍然害怕沒有男伴。

「如果沒有台明，妳的生活會有甚麼不一樣？」我問。

「我的錢可以用得久一點，——」她笑出來，「對不起，妳大概是要聽別的——，我不知道……」她緊張起來，思索著，其實是僵硬著。

「錢的問題當然是重要的。妳——緊張起來了？」

「這是我的問題，我不敢想沒有他的日子……」她快速的吃完她的三明治，喝著可樂。

❖情為何物

「他帶給妳甚麼？」我問她。

「快樂、安全。他會下廚，做一道菜，給我驚喜。他還——懂得生活，會帶我去優美的餐廳吃宵夜。他也——」她的笑顯出羞赧，「很體貼，很會做愛。他是第一個懂得尊重我的人……」她喝了口可樂，「現在，好像都變了——，人好不好，好像很難真的知道？」她看著我。

「人好，還要能共同相處，也就是共同去克服自己的及對方的弱點，維護自己的及對方的優點。這裡面，有運氣，也有智慧。但是如果有一方熬不過其間的痛苦，想放棄，另一方只有尊重，不然會分手得很難堪。特別是——你們倆人有類似的病，比較難清楚的分手。目前，妳要的，他已不能夠給妳。分手的原因，他會以為他知道，其實是甚麼，誰都不知道！」我回答她。

「我真的沒有做錯甚麼……」她很難過。

「妳要試著勇敢，做妳自己，沒有誰是真正可靠的，妳要「獨立」。獨立會使妳更有魅力，更讓人尊重妳。」

「可是——我容易做錯事——心情不好——不知道怎麼辦？有台明，他會逗我開心、鼓勵我、稱讚我……」她停下來，笑了，「現在，他好久不會了，他不對勁了，天天只會罵我、叫我做好多家事，他像是不知道我是要上班的人——他又沒有工作，爲甚麼不能洗洗衣服？——」她看我，「不過，他從來沒打過我，只是罵個不停……我好像習慣了。——這樣是不是對我的自尊不好？」她又咯咯笑。

我沒吭聲。

❖自覺的靈光

「我想——我應該要『獨立』起來，這樣下去，他不會尊重我，愛也會消失了。」她心頭明白。

「妳——最讓我佩服的是妳明白是非、溫柔、有責任感，最讓我擔心的是不會保護自己。台明沒有妳，是他的損失，誰知道？也許妳獨立後，不久，他又回頭來找妳。」這是常發生的。

「那時——也許我已看不上他，或者，又交了新男友……不，」她轉了轉話鋒，「不會那麼快，交男朋友很累，——我要休息一下，好好上班，存點錢。說不定，台明會先有女朋友，結婚了！」她能輕鬆起來，也開始在心裡預備將發生的分手。

我依然要警覺她這一陣子的變數。

接下來幾個星期，我們又持續的談她離開台明後的各種可能狀況，輔導重點放在增強她的自信心、加寬生活圈子、繼續夜校課業、學習對待自己更好一點、練習自我放鬆、練習記住重要的事件方法等等，堅持每週至少晤談一次。她的意志力較薄弱，我像機器，重複固定的提醒她她的生活目標，注意她的努力方向。有時她會忘記晤談時間，我就用電話追她，她覺得有人認真對她好，後來變得每次都提早些來。

有一星期，意外的，她沒來。我正緊張著，卻接到她的電話，說她找到房子，已搬離台明，因爲房子機會得來不易，搬家很匆忙，所以沒有時間來看我。她說搬家時，台明避開了，這樣好像也好。

她愉快的跟我敲定了下一次晤談時間，我也感覺平安了些。

※　※　※

❖關於這個個案：

一、精神病患都需要很多鼓勵、真心，智力功能稍好些的就要幫助他們立定明確的生活努力目標。與其他病患相比，茜茜本身自愛上進的力量算是較強的。可惜從她記事以來，家人就不知道拿她的病怎麼辦，給了她的病情和自尊上很多額外打擊與惡化，也間接加強了她對「愛情」的渴望，以及在被愛中、在被利用中尋求自我的價值和自我的開展。

二、茜茜有嚴重憂鬱和精神分裂現象，所以精神藥物治療非常重要。縱然病重如此，每個病人的生命力和向上奮鬥的力量仍各有不同，這點和我們沒患病的人一樣，茜茜仍是比較好的例子。

三、教育界的人需要認識精神疾病，特別是國中、高中的老師們，讓患病的學生能及早發現與就醫，使病患生命裡的追求獨立和自尊的力量可以早早受到訓練與維護，不至於邊拖邊變得頑劣渾噩，導致玉石共碎，造成的家庭傷害和社會問題太大。

四、和精神病患的對話，看起來好像是與常人對話類似，而差別是在當下判斷用甚麼心態、口氣去進行對話，才能讓患者聽進去對他有用的話，或者讓病患願意繼續談話。對話的力量要面對面比較感受得到，因爲思考上的速度快，心態上的感應變化微細且多層次，化成文字後，遺漏不少。

※　※　※

❖有關問題：

下面幾個問題始終沒有標準答案，也很難有，而是要針對個案的獨特條件去思考判斷：

一、精神病患是不是該結婚呢？
二、配偶患了精神病，是不是該離婚呢？
三、精神病患該不該生孩子？

下面幾個問題則是可以思考個答案出來的：
一、患了精神病的孩子，在教育、治療、復建工作上，學校或其它有關單位有甚麼對策？
二、父母如何對其他子女和外人說明孩子的精神疾病？
三、孩子如何去理解手足或父、母的精神疾病？
四、如何加強學校老師對學生精神健康問題的認識與處理能力？
五、如何發現、處理流浪漢裡的、賣春女裡的精神病患？

二、蒲公英

很多精神病患不承認自己有問題，少數是逃避，多數是不自覺，苦的不但是本人，也是周圍的人。更苦的是親人間多不認識精神疾病的嚴重性，不知道拿他們怎麼辦，日拖一日。這個故事的主角身上，可能有多重的嚴重精神問題，我們只見過一次。

※　※　※

❖ 錄音帶

他們二人一前一後的走進來，我迎著面，先自我介紹了我是誰。先生面帶微笑，爽氣的跟我握個手，直入我的晤談室坐下，堂堂的巡視了四周一遍，然後坐穩，等著。太太就跟在後面，滿臉心事和小心，她拉我一把，想要求先單獨跟我講幾分鐘話，我的直覺是不可。

果然，先生像察覺到甚麼，猛聲命令：「進來進來！我們今天就在這裡把話講清楚，是妳說要來的，不要鬼鬼祟祟！不是我有病，是妳這個人心裡有鬼！」他站了起來，虎虎備戰的態勢。

「我們是要把話說清楚，在專家面前，我們誰也不用強詞奪理。我剛剛只是想先告訴醫生你聽到聲音的事兒，又不是打你小報告，你這麼緊張幹嘛呢？真是有病！」太太小心的說。

她的話讓他忽地跳了起來：「Dr.王，妳聽、妳聽聽看，如果妳聽了以後，說我有病，我就認了！可是只要妳聽了錄音帶以後，我相信妳會同意我，是她有病！不—是—我！」他憤怒不堪，雙眼佈滿激動的血絲，聲音痛苦、蠻橫，我已經想到今天有可能要叫警察。

太太一點也不明白她的解釋更刺激了他：「你幹嘛要浪費時間？有甚麼事就現在面對面說清楚，錄音帶裡甚麼都沒有嘛，你已經給幾個人聽過了？煩不煩？」她小聲，又很懊惱的阻止他。

「不行，妳去車子裡把帶子拿來，妳怕醫生聽是不是？去拿！去拿！是妳不承認，我一定要 Dr.王聽！妳那些朋友聽了，當然幫妳遮掩，這樣事實永遠不能水—落—石—出！這樣下去我們還怎麼相處？去，去拿來！」強制得無可改變。

「給我聽聽好了。」我趕快說。

太太去取來帶子，先生一把就抓過去，開始倒帶找要給我聽的部分，他把聲音一再調到最大，要我聽清楚。我聽的很認真，神色凝重，並且要他轉來轉去，多讓我聽幾遍，裡面除了他太太講電話的聲音，其他甚麼也沒有，都是些日常對話。

「我有聽到聲音——，可是老聽不清楚它在說甚麼，你聽的呢？」我看著他，就事論事的問，真的想知道他聽見甚麼。

❖太太偷人

他篤定、急切的說：「是『做愛』的聲音！」他斜盯著太太，等待她開口。

「是嗎？是嗎？ Dr.王妳說是嗎？怎麼有這麼冤枉人的？他簡直不知道在做甚麼！我們的公寓就一間房，透透明明的，如果我跟人家那樣，或者真有人在床上，你怎麼不馬上把人抓住呢？」太太看看我又看看他，樣子是又氣又累。

「我一出現，他就不見，躲到床下去了！」他兩手一比，極肯定。

「床下、床下？我們那來的床下？我們的兩個床墊是面貼面的放在地毯上，你不都翻開來看過？爲甚麼還這麼說？你到底怎麼樣才信？你去找過，還把床都剪穿了，你找著過甚麼嘛？爲甚麼用沒有的事來整我？」她雖極無奈，卻仍有耐性。

「妳就是死不承認，爲甚麼要不承認呢？」他激動起來，聲音火大：「證據都在這裡了！我甚至可以花錢請 Dr.王去家裡看錄影帶，多少錢都不要緊，我就是要妳沒有可再騙人的機會，要妳承認，妳承認了就好！」他呼吸急促，聲音顯出沙啞，像苦鬥的烈士。

「Dr.王我告訴妳，我用錄影機錄她，爲甚麼在她身後有香煙的煙冒出來？而且那煙是男人抽的！告訴我，都被錄進錄影帶了，還會假嗎？會嗎？爲甚麼會有男人在妳背後抽煙？妳還不承認！不管妳怎麼解釋，都是謊言、謊言！別人會被妳騙過去，我—不—會！」他近乎歇斯底里。

他們在家爲這個已吵了一個星期。

「好、好，就請 Dr. 王去看看，也給我一個清白！你這樣子無理取鬧不要緊，幹嘛弄得朋友都知道？人家現在都認爲你有神經病！」她轉頭看我，

「那些錄影帶子好多朋友看了，明明甚麼煙都沒有，就他一個人說有，根本別想跟他理得清！那些帶子就是我在家的時候，他神裡神經、不明不白、像要躲著我又不像的對我照，照了半天，竟是要找我跟別的男人在一塊兒的證據！這簡直叫我怎麼說嘛？」她又急又混亂，又有些欲言又止的猶豫：「我從前——是做過酒廊『小姐』——，但是從我跟了他以後，就真是再也沒回去過，我何必呢？——」

❖ 雞同鴨講

她的眼神落在我背後的白牆上，「是，有時候姊妹們還會在電話上聯絡聯絡。現在——他這個樣兒，像不正常一樣，都幾個月了——三個月了，成天裡老釘著我問，是不是又跟人家上床啦？是不是又背著他有別的男人啦？——姊妹們都叫我走人算了，不值嘛！可是——」她看他，眼睛裡一抹傷

感，「他當初——甚麼都知道的，他說他都不在乎那些——，大家的命都不好，也不用多說了。他對我也是真心好，我心裡是感動的。我跟了他兩年多——以前他真不是這個樣兒的，他現在怎麼會像著了魔似的？——」她豁了出來，「現在——我也還真不敢走開，因爲他有槍，衝動起來會怎麼樣也不知道！再說，我也不忍心，他現在跟從前比，真的不是一個人了，他以前還正正常常，和他家人和和樂樂的，很向家的，他們家人也接受我。——」她搖搖頭，收收神。

「還有——唉！我們前不久還聽人家建議，去寺廟裡找大師父，做做法事，唸唸經，花了好多錢，師父也看過他好幾回，有甚麼用也不知道。我雖然不大信這些，但是我不懂，也不會去冒犯。這就算了，反正也是算捐錢了。後來，又知道有個風水大師，很有名，說他是氣衰，要花錢改氣，開出去的錢都別數了。到現在，他天天鬧成這樣，我總想會不會是腦子有問題？我們也又花了好多錢去照腦子，是照出來了好幾張片子，好多腦子，醫生也不三言兩語就講完，到底有個甚麼問題，我還是不知道！這中間他卻還成天說是我有病。好！今天，就是我說算我有病，那你跟我一起去看看心理專家吧？不然他那會來？」她無助的看著我，我明白她如今還有耐心，是因爲打從心底珍惜他對她好過。

❖危機診斷

我怔怔的看著她，活著、情字，緣起緣滅，永遠曲曲折折，感到也有一肚子話不能不告訴她，但又知道不是現在，心裡忍不住長長吐氣。

「妳講那麼多幹嘛？到底真真假假，我是都有證據的，我這個人從來不講沒證據的話！」他極反感，又把錄音機打開，直放到我的耳邊。

我看見他的手在抖，他的眼神裡寫著恐慌，他的內心已經交戰多日，我感到他的體力也在枯竭，他還在萬千疑懼的浪頭裡翻滾。

「你的槍都上了子彈的？」我要了解他對別人、對自己的危險性有多大。

「放心，我是懂槍的人，還沒有殺過人，也不會殺她，沒有必要！」

「你有沒有吸藥、喝酒？」這也是必問的問題。

「有！我是很公開的人，我沒有需要騙人的地方！」豪氣干雲。

「每天？」

「不一定。我告訴妳，我以前一個晚上吸三百，五百都有，吸到眼睛，鼻子流血，一睡三天不醒過。但是我這個人不上癮的，我有把握可以隨時停，我有我的方式和決心，我是個很有『種』的人，所以我不能原諒她說謊！」他不忘箭頭應指之處。

我想著：他的精神分裂式的幻聽、幻想和幻覺有可能是因為吸毒引起，也有可能是精神分裂症前兆，還有可能是大腦受傷過。他從來就拒絕看精神科，當然從未接受過藥物治療，目前他的精神狀態對他的太太最危險。

「現在吸多少？大概？」我問。

「兩百（美金），一星期。」不得了，如果是真的。

「這個吸法會吸壞腦子的，有沒有聽說過？」我平淡的問。

「我的沒有壞，如果壞了，我還能這麼清醒的跟妳說話嗎？我還能捉住她的證據嗎？」自信雄雄。

「你的工作？」

「打劫的，我是黑道的，我甚麼都實在告訴妳。我這一生，我的作爲，沒有需要隱瞞的。」泰然又昭然，也不是不可能。

「你上那兒去打劫？」太太急急插言，「他是個老老實實在餐館打工的人，我們早先就是在餐館認識的，他的同事都知道他是好人。他也沒喝酒，不是會喝的人！吸藥——倒是很早，好多年了。以前他到底吸多少，我也不知道，但跟我一起後——快一年半——真沒有吸，但是，就是在大概三個月前，我也開始懷疑他是不是又吸起來了？因爲他常常人好好兒的，進到浴室裡好一會兒，出來就馬上變了，臉紅脖粗的說聽到有男人聲音，看到有男人的影子，模式都一樣，我根本不知道他這樣做是爲甚麼？還說他偷偷把鏡子放在牆角，他從鏡子裡看見了那個男人，簡直——日子都被他弄得過不下去了！我已經離開家去跟我姨媽住了一個禮拜，是他又到處托人把我求回來，我才剛回來一大啊，就又說我有男人！」她轉頭看他，覺得不可思議、莫名奇妙。

「妳說甚麼都沒用！我有證據，Dr. 王妳說好了，我有沒有病？現在證據都在這裡，妳說到底是誰有病？」他大剌剌的，勝算在握的樣子，從頭、壓根兒就沒想聽別人說甚麼，也沒有能力聽了。

❖同理與安撫

「如果有病，你們都有病！」我很認真，我得先安撫他，他的精神狀況已經瀕臨失控。

「爲甚麼？」他怔了怔，聲音有緩和了一點點，可能由於我給了他一半認同——太太也有病。

「因爲——」我直看著他，「除了否認，她沒有辦法用她的理由讓你相信她沒有別的男人，她只有否認。而你——」我把話講的清楚又輕聲，「你生氣是因爲你太在乎她，聽到別的男人聲音，看到別的男人影子，都是怕失去她，但是你不敢講這些。你恨她騙你，是因爲你害怕她甚麼時候背著你溜了，你都不知道！」

「我是——愛她——在乎她，不然，我也不會生氣。」他的聲音弱了，意外的是他承認的很快。

接著，他不注意的露出了疲憊，雙眼閉上了，用嘴吐著氣。

我們都沉默了一下，讓他休息一下，那怕是幾秒鐘。

「你用這麼大的精力去追蹤她，你也太苦了。」我用更小的聲音，把「不忍之情」付之而出。

「我是很苦——沒有人知道——可是爲甚麼她不肯承認，我都有證據！」他的聲音完全正常下來，眼睛還是閉著，左手靠在沙發臂上，支撐著因爲昂首鬥戰太久而精力過耗的頭。

我知道我得到了他一些信任，沒挑動他和我之間的爭戰。

「她不能承認——」我小心的說，「她也很苦——她愛你，但是她說的無法令你相信。你懷疑她不貞，她不能用你期待的答案去承認，她除了否認，還能再說甚麼？」他睜眼看我，左手依然支著疲憊的頭。

❖誘導治療

我繼續：「不要再問她了，弄得你痛苦、她也悲哀，關係就很難再維持下去了。你也知道她的過去——現在你又錄音又錄影的，是真是假，我也不知道，你可以忘了從前，爲甚麼不能忘掉昨天，重新開始？如果以後你再有懷疑，我教你怎麼去弄清楚，你的方法別人不大明白，你當然很難找到認同，——」我判斷他有在思考我的話，「如果我是你，我不會再用錄音、錄影、錄電話、照鏡子甚麼的去逼她承認甚麼，因爲她不能承認，她也很苦，你也聽到了，她還愛你，這不就是你要的？」我的聲音至誠至懇，想用哀兵之計去緩和他的情緒，當然前提是我已看見他還要和她在一起。

「好——」他大吸一口氣，忽然像決定要放下甚麼，臉色還有點悲憫，「好！妳的解釋我接受，我也只要有一個解釋就好。我並不想讓她痛苦，我最終還是要和她過一輩子。現在開始，我完全忘記昨天——」他大動作的把錄音帶的帶子抽出匣子，拋在桌上，「我再也不問她這種事了，我說到做到。」他慷慨決斷，馬上換臉。

除了對他很認真的表示同情，我給他的解釋是有幾個重點：第一，告訴他，她是愛他，沒有變心，他只是需要從第三者的口中再肯定。第二，再鬧下去，太太有可能真跑了，那是他最怕，也最無助的弱點。第三，即使太太有外遇，其中也一定有難言之隱，他必須從此忘了，雙方也從此開始注意不要再讓這種問題發生。

像這樣的對話，當然不適用於正常人，連他的太太在一旁都聽的一愣一愣的，但是對他卻管用，因爲他的思考已失常，我判斷他只在乎一個事實：太太愛他，也不會離開他，至於其它的到底跟他有甚麼關係，也就模擬兩可，想不清楚了。很像小孩子，顧得了前門，管不了後門。

太太看見他安靜下來，還答應不吵不究了，雖然似懂非懂，但是也輕快了些。這個時候，先生要去洗手間，我告訴他地方，囑他快去快回。這也正是機會，我告訴太太明天再來一次，只有她，因爲有很多事隨時會變，而且對她有危險，她必須早早知道、防患。她說她從前叫過幾次警察，捉放多次了。

他果真很快從洗手間回來，神色輕鬆多了。我告訴他，心中再有懷疑不安的時候，或想找人談談時，就給我電話約時間。我仍然試著要他去找精神科醫生，吃點藥，可以好睡，心情也好些。

「不必不必，我現在不是好多了嗎?像你們這種專家是不能多見的，那代表『神經』有問題！」他說完，我們一起哈哈大笑，我還是追一句：那是誤會。

他付費時，少了幾塊錢，我說不要緊，下次來再補，他說：「那會是很久以後囉！」

我端詳著他的輕鬆，十分鐘之前的一大段吵鬧，對他像是全沒發生過。

❖家屬教育

第二天，太太比約好的時間早來許多。等到我們可以談話時，她已經不管我懂不懂，一勁的說著她先生的各種煩死她的行爲：

「早上十點，他會忽然拿起槍，衝到臥室，說棉被下藏著人，翻開一看沒有，還會承認自己錯了，可是他冷汗一身，爲甚麼？」

「常常又到處檢查家裡的門有沒有被換鎖？」

「老說有人跟蹤他，有國民黨的，也有FBI的？有時門口過去了輛紅車，也說是在給他警告的，而且還聽到有人傳『暗號』給他？再不，就是大白天，總不准我拉開窗簾，硬說有人在監視我們！」

「還有一回，我跟他開車出門，倒車壓到青草坪，他也罵我，說我暗指他做錯了事，因爲『草』的臺語聽起來是國語的『錯』！……」

而說來說去，她只是覺得先生不講理，完全還沒想到會是有精神病，也還沒有心去看清現實。直問：

「會不會是營養不夠？大家都說維他命C會讓人清醒些？」

「要不要去渡個假？反正他也被炒魷魚了！」

「能不能把這些都告訴先生的家人？他們會不會認爲是我對他不夠照顧，怪起我來？」

「要不我去大陸找點藥給他吃吃，大陸的中醫比較好，……」

我等她喘氣時說：「他有沒有威脅過要殺妳？」

「怎麼沒有？就這麼用槍抵著我，」她比著頭，「硬要我承認我根本知道都不知道的事。有時候又威脅要自殺，把槍放到他自己嘴裡，逼我對我沒做的事說對不起——嚇死人的！可是我知道，他過去了那一陣子就好，不過——好了，倒不是承認錯了，是根本——壓根就不承認他威脅過我，像完全沒發生過，氣得我——別提了！」

「他有精神病，有暴力現象，思考混亂，處處懷疑被設陷、被欺騙、被跟蹤，整天風聲鶴唳、草木皆兵的，又拒絕接受任何治療。這樣下去，他危害別人和本人的生命安全的可能性都很大，因爲他很可能會選擇自殺，或設法摧毀給他威脅和壓力的人與事，來解決他所感到的恐懼。」我直話直說。

「精神病？怎麼會？」她的上身往後退了退，「壓力大是有可能，他以前不是這樣的……，甚麼是精神病？不會是『瘋子』啊？那樣——一個人不就完了？……」她覺得不可能。

「他的病象就是精神分裂症的病象：他有懷疑性的妄想，老相信有人在算計他。他還聽見，甚至看見我們看不見、聽不見、也不合理的現象，說話內容的因果關係都是自成一套，套套又隨時會依他的情緒、想法在變，正常人跟不上他到底在說東還是說西。他的情緒異常暴烈，怒笑瞬轉，喜悲的原因不能用常理去測……」我注意她聽的認真，「妳會不會常覺得他會說謊，圓謊卻很差？」

「沒錯沒錯，可會胡編的，每天有，就是！——妳怎麼知道？」

「大部分像這樣的病人都會。他們可不一定認為是在說謊，也許根本不知道自己在這麼做，這種行為的目的多是為了自衛自保，或者是掩飾另一個行為，甚至還有其它目的，猜不完的，各個人不一樣。我只見他一次——我看也很難叫他去治病，但有些事是妳必須要知道的……」這是我要她來的目的。

我主要叮嚀她注意先生的危險行為信號，危機緊急時〈先生要殺人、自殺時〉該做甚麼，她在紙上記下我的話，我又拿過來再看一遍她寫清楚否。我沒有責任直接保護她，但有責任告訴她怎麼自我保護。接著複印給她有關精神病是甚麼病的資料，告訴她如果朋友親戚問起來，怎麼去解釋先生的病，甚麼可以說，甚麼不適合說。

❖自我安全保護

我們又討論在家裡該用甚麼新方式跟先生相處，避免惡化先生的精神狀態，給自己惹冤枉麻煩……

這些種種、種種細節，讓她眼花撩亂，還好她對我信任，而她回家以後，命運卻是她的。

「這種病會不會好？我以後怎麼辦啊？……」她警覺些。

「很難說會不會好，因爲還需要再看、再診斷。大部分時候，這種病人的各種能力會逐漸退步，退到甚麼年紀、甚麼程度，就很難確定。最好的狀態是：他能明白自己有病，願意接受長期的藥物治療、心理復健、團隊治療。這樣病人通常還很有可能保留住所曾學習到的自我照顧的技能、一部分的工作能力、一部分正常與人溝通、合作的能力。如果不接受治療，退步的就會更快、更大，還會旁生出各種麻煩狀況，難以收拾。」

她意識到她的前途有變了，哀傷惶恐起來，「他如果一輩子這樣，我的日子怎麼打算呀？怎麼會有這種病？」

「如果——如果他的病象，只是單純因吸毒引起，預後狀況有可能好得多，但是，無論如何，他要接受治療，好確定問題複雜程度，不然未來也是不可測。」

「他不—肯—看醫生啊！我怎麼勸都沒用！……」她一籌莫展。

「妳的日子裡就會有很多場拉鋸戰了。」我很認真，「對於這種病人，剛開始是家屬需要很多心理建設。回去妳仔細看看這些交給妳的資料，有任何問題，趕快用筆記下來，下次再來時，我們可以討論的具體有用些。」我抓緊她的眼神，「這是妳的第一堂課。」

事實上，我還有更多要說的，但是她還沒準備好，我必須要等她先發現問題。

我知道她會再來，她需要。

※　※　※

❖關於這個個案：

一、這位太太有情有義，但還沒有進入情況去了解先生的病，多半是不願失去一個家，更不敢面對荊棘重重的將來。根據經驗，這位先生是不會再來，後來果然也不會出現。

二、「迫害型妄想症」和「猜疑型精神分裂症」患者的幻想癥狀差別是：

前者是會有些現實基礎，例如：聽到鄰居關門很大聲，以爲是在暗示做愛的時間到了，或者在責備昨晚的湯燒焦了。後者的幻想完全可以無中生有，隨興而編，例如：國民黨和民進黨都是外太空人安排來害美國人民的。本文的主角可能有前者的精神病症。

三、學校的健康與教育課程能夠教授精神衛生觀念，與精神疾病與情緒問題的介紹，就更可以加強預防、發現與治療這些方面的問題。雖然本文的夫妻沒有子女，在現實中，許多孩子的雙親中有一位或兩位都是精神病患，或有嚴重情緒問題的很多，孩子有權知道眞相，並且得到幫助，避免受到錯誤、不正常、虐待性的教養，甚至性侵犯。

四、有些宗教的儀式，如果進行得有道德與宗教倫理，的確對病患有安神作用。不過也有很多是做了再說，認爲盡了心、盡了力，收一筆錢敬神明也無不對，根本不知道自己在幫甚麼忙？或者想想幫不幫的上這種病的忙？結果搞得病人與家屬又累又失望，破財以外，對精神病產生更多恐懼，不是更延誤治療時機，就是更不敢再問津治療。在美國，許多天主教與基督教的領袖人物已公開承認，精神健康上的問題應請教心理專業人員的看法。

※　※　※

❖幾個問題：

一、如何讓精神病患不擁有致命武器？
二、當精神病患的行爲威脅到家人的安全時，家屬如何得到醫院、警察和社會福利機構的幫助？

三、霸王花

故事的女主角「霸王花」是「猜疑型精神分裂症」病患，今年四十二歲，不斷有不定期暴力發作的問題，和家人處得很不好。她的發病是在二十五歲以前，發病後就一直住在「中途之家」，她的家人認識這種病，所以一直要她接受治療。她不很知道自己有病，但是願意接受治療，她的情感也是鮮活的。由於「霸王花」的病症行爲太具破壞性，算是較嚴重的病患，家人堅持不與她同住，她很傷心，但雙方也沒有更好的方法。

※ ※ ※

❖不一樣

她四十二歲，穿著總是很整齊，配色活潑，儘管她真是過胖了。她的眼神最震動我，心情好時，是霧濛濛的；心情壞時，真像有個「惡靈」在她的瞳孔中，令我耳朵後的毛髮要豎起來。

這個診所，她已經進出好幾次了，上一回是四個月前。

這回，來之前，她已先在電話上「檢查」過我，問了許多問題：

「妳是博士嗎？」

「妳憑甚麼判斷我該不該吃藥？」

「妳愛孩子嗎？妳會爲孩子做一切事情嗎？……爲甚麼我媽不接受我？」

「妳跟我姊姊有甚麼不一樣？」

「妳有沒有吸過毒？妳幾歲？」

「我怎麼樣才知道妳到底能不能幫助我？」

「妳會怎麼樣決定我是『精神』有問題？還是有『神通』？」

她在電話上告訴我，這一次要來，是因爲她打了母親，被警察逼來的。

第一次見面時，覺得她的人比在電話上開朗、客氣、友善得多。

她穿著紫花洋裝，頭髮一絲不亂，手提包、鞋子，都很相配。只有口紅，畫得誇張，突出唇線外，深紅得透著頑固、不在乎。

「嗨，妳好。」她坐在我桌邊的椅子上，微笑著，用手支著下巴，上身伸向我，臉上有種木然的安靜，眼睛裡卻有著算命師的「測量」和「高深」

的神色。

她的聲音很溫柔，刻意的。

「妳好，妳很準時，謝謝妳。」我說。

「喔！我早就來了，但是他們說妳還沒空就是了。……」

「是的，還是謝謝妳能早來，雖然我不能早看妳。所有的時間，都是一個星期前就排好了。」我笑著讚許她。

「我知道，我知道，……」她笑著，點著頭，一直點著，眼睛也沒離開我。

我也回點著頭，笑著，穩穩的呼吸著，感覺著她的意思。

一會兒，她忽然「哈」了一聲出來：「妳很好玩，……」她停止了點頭，把頭搖搖，不看我了，開始說話。

「我以前看過醫生，——吃過藥——但是，現在『聲音』又出來了，我怎麼辦？」

「甚麼『聲音』？」

❖上帝與撒旦

「是上帝，上帝在給我一些『指示』？『暗示』？『工作』？我也不知道，但是，我確定，是上帝的聲音就是。」她很平靜、篤定、認真。

「上帝說了些甚麼？我是指說話『內容』？」

「說我……是『撒旦』，叫我去懲罰自己，也去懲罰一些人……」

「怎麼『懲罰』自己？」

「減肥！祂命令我減肥……妳也許會覺得滑稽，可是是真的，」她歪著頭，有些不好意思。

「我愛食物，任何食物，愛得要命，可是現在，我竟然一點也不想吃了。祂不是要餓死我，只是要讓我難受……」她吃吃的笑。

「可是——我並不難受，上帝——祂一定沒想到！」她聳聳肩。

「那——怎麼『懲罰』別人？」

「我媽，我媽是祂要懲罰的人！」她面有「驚奇」的看著我。

「妳知道，我還跟上帝討論、求情，說我怎麼可以做懲罰我媽的事？要做，你自己去做！」她兩眼睜的大大，覺得上帝真不懂「人情」。

「可是，祂竟然堅持，說要藉我的手，讓我媽去學到教訓！」她哭了。

「我沒辦法控制，我像被『催眠』，沒有自己的想法，只能聽從祂放進我腦子裡的想法……搭上巴士，直驅我媽的住處，——其實，那是我姊姊的房子。」她擦擦淚。

「我姊姊的房子好大啊……，有十幾個房間，她的生意做得很好，還沒結婚。她——從來不打電話給我，我總看不到她……」她忽然停下來，不講話了，出神般，刹那間完全忘了我的存在。

「哈——囉——喔——」我叫她。

「喔，我……對不起呀，我講到哪兒？——」她醒過來。

「正講到妳傷心的地方……」

「甚麼？……哈哈哈……妳很有意思！」她大笑，她知道我在說甚麼。

「妳傷心的時候，就會這樣？」我仍問。

「誰在乎?誰會在乎?……我媽，只有我們姊妹兩個女兒，但是，現在她們倆倒像姊妹了，她們都不想看我！」眼淚再爬上她的臉。

「我聽上帝的，噢，不!我不願聽的，我是被『操縱』著，我去到我姊姊家，甚麼也不看，找到我媽，我就打她、打她，完全不能控制……我大叫，叫自己停住、停住……」她思索一下，「可是沒有用!停不住。」她停住，噗嗤笑了……

「想到甚麼?」我問。

「我媽——她的樣子——很好笑，我沒看過她那麼害怕過，她大叫救命，跑來跑去的，還能跳過沙發，——真好玩。」說完，慢慢又悲傷起來。

❖不能控制的衝動

「我把她打慘了，也打壞了好多傢俱，我的天，那些傢俱是貴死人的!是佣人叫的警察，我坐了一個月的牢。」她的表情好像才剛打完。

「我不怪我媽同意我坐牢，不坐牢，我還會打——不能控制，妳知道嗎？」她揮擺著左手，看著右手。

「現在——比較能控制了？」

「不知道。」她看著我，不解的皺著眉，好像我是問了個很難的數學題。

「我在牢裡，有醫生開藥給我。出來的時候，獄醫要我不但要吃藥，還要心理治療，所以，我來找妳啦……」她咧嘴笑了。

「三個月前妳剛出牢時，怎麼不來？」

「那時我還不需要！」她很肯定。

「是甚麼讓妳覺得『現在』需要？」

「我又想——打人！」她看著我，又開始點著頭，臉上沒有笑容，眼神突然變得極冷。

這回，我沒點頭，眼睛看著她，放低了聲音，清楚的說：「很好，很好，這是妳的優點，妳會自己先察覺、預防。」

「我不想打人的，我覺得我是『罪人』，妳了解嗎？」她立刻又哭了。

「我相信，我相信，我們會幫住妳控制自己，不再打人……妳也要相信我們。」我把一整盒衛生紙遞給她。

「我覺得我有『特殊能力』，能跟上帝溝通，那是我的『天賦』……」她像個孩子哭著，像要對我表明甚麼。

「可是，我不要甚麼都聽祂的……」她哇哇哭了起來，嗚咽不成聲，很委屈、很無助、很傷心。

「不怕、不怕，只要妳真不想聽，是有辦法克服的。」

「真的？——妳不認爲我——是瘋了？」她像看見希望的燈塔，我有點傷腦筋起來。

「瘋了?我不清楚妳是指甚麼?……」

我怎麼了

「我媽、我姊，都說我有病，說我瘋了！」她看我，迷惑著。

「妳覺不覺得自己有病呢？」我的口氣若無其事。

「我——好像有，因爲我會一下哭、一下笑的，我的脾氣，大家也都說不好，可是——每個人不都會這樣？也許我嚴重些？……」

「我看見的是，妳比較『敏感』，會聽見我們不大聽得到的『聲音』，在妳心情不好時，『聲音』出現得就更多，因爲那些『聲音』的影響，妳的行爲就容易亂，當亂到別人無法理解時，別人就說妳『瘋』了。」我的口氣還是若無其事。

「那不是我的錯！」她申明。

「我知道，是妳做的行爲錯了，不是妳這個人錯了，」我看著她的眼睛，「妳的『人』很好，沒有『錯』。妳要學的是減少不能控制的衝動行爲。」

「妳……」她驚奇的看著我，「妳真好，妳是了解我的！我就是太衝動，我也很容易相信人……」她惆悵著，「他媽的！我就被我的男朋友騙了好多次！下次，我還會被他騙，沒辦法，他沒有能力騙別人，只會騙我，真他媽的，我還很同情他。……」

看著她的「無邪」，我告訴自己不要急，也急不得。

「爲了快一點控制妳的『衝動習慣』，我得立刻幫妳跟精神科醫生約個門診時間。」趁著她正信任我，我建議。

「好，但是，那個醫生會像妳這樣聽我講話嗎？他會告訴我那些藥會對我的身體有甚麼影響？」

「會的，任何問題，妳都可以問，他沒時間回答妳時，我會幫著回答妳。不要怕，妳會擔心？……」

「現在不會。」她笑了出來。

我幫她跟精神科醫師約了個時間，是在她下次來看我之前。

精神病患在剛開始服藥時，身體會有各種副作用出現，會需要很多的說明、肯定、鼓勵，和學習適應的方法，她跟我的約談就更重要。同時，由於病患又不一定能表達出所感受到的不適應，更需要給她「機會」和「時間」去學習自我觀察和記錄、表達的技巧，這些資料也是幫助精神科醫生在選藥、配藥、開劑時的重要參考。

治同樣的症狀的藥，有好幾種，每個人適用的「量」也不同，再加上一個人有多種症狀時，用藥就要更仔細。如果病患在服藥適應期得不到安全感和支持，他就不會合作，這樣受罪的不只是他一人，保證還會波及家人、社會。

❖服藥之後

再見她時，她的舉止穿著依舊得體。

她很高興來看我，提到已開始服藥，表示還沒有不適應的地方。

「今天，」她羞赧的說：「我要先給妳看一個東西。」

她從皮包裡取出一張寫滿了的紙。

「有些話，我只能用寫的，是我的心理談話心得，」她再確定，「就是跟妳談的心得。」

「好極了，我看看……」

她的字很歪，但知道已盡了力要寫整齊的：

我離開 Dr. 王以後，覺得不錯。我直接回到家，並且能留在房間裡，不會一直想往外走。

第二天也起得較早，還能有心情清潔房間。

又是一個星期，所有的日子都一樣，謝謝「神」叫醒我。洗好盤子，看電視，我要怎樣用我的一生？

我每天早上起床都禱告。同時，一些魔鬼也出現。雖然，我漸漸覺得較好些，我還是需要學習面對心中那個沒長大的我。我的家庭背景很不健康，小時候，我被母親的男朋友強暴過許多次。從此，我不能忍受任何傢俱不乾淨。

現在我也有好多壓力，我聽到跟我住在同一棟公寓的人們說，他們就是我的「上帝」。

我的目標是成為一個幼稚園老師，我在選修一些幼兒教育的課。

我家的人都被強暴過，我變成一個退化的孩子，不知道怎麼辦，也厭惡任何人碰到我，我很煩啊！

「我很喜歡妳寫的東西，很真，很自然。」我看完後說：「我可不可以把它留著？」

「真的?妳看得懂我寫的?我自己都不敢再看,……妳要怎麼留著都可以。」她眼裡有光。

「我看的懂,但是——這兒——『魔鬼』是指?……」我指著紙上問。

她立刻呈現恐懼:「我不想講……」

❖與母親之間

「不怕——除非妳做錯了甚麼?……」我對她擠個眼。

「我不知道,真的不知道……那些『魔鬼』,很像大黑猩猩,有聲音告訴我,猩猩是我媽變的……怎麼會?怎麼會?」她焦慮起來,不知道怎麼辦。

「妳對母親又戀——又恨著……」我很同情她:「她也不知道拿妳怎麼辦啊?……」

她的淚無聲的流著,冷漠的表情是自我保護的動作。她讓我想到另一個精神分裂症的病患,「方林」。

方林的母親，早就擺明了不認她。有一回，她母親來診所，要求我寫封信證明她要扶養方林，就可以少扣些稅。實際上她並沒有，方林是靠社會救濟爲主。我們同意寫這些證明，是給病患做家庭關係。那天，方林正好也在診所，等著上「團隊復健」的課，她見到母親，本能的就歡喜、靠近、滿臉笑容的喚著母親。不料，母親卻滿臉不耐，快步躲開，像沒看見方林，一聲不吭，轉身揚長而去。方林的臉，當場立時轉成了像空白的牆板，麻木呆滯，我本想裝作沒看見，但直覺的，我卻走向她，跟她一起蹲在長廊邊，一起沉重著。後來，方林拍拍我的肩，叫我不要難過，她上課去了。她臉上的沉著，聲音裡的溫柔，讓我無語可問天。並不怪她母親，而是方林，她太會罵人、自作主張，只要家裡有她在，保證雞犬不寧，甚麼事都不能做好，她還會偷錢，偷任何人的東西。

眼前的女人，只是「表相」，她的心，還纏繞在一個小女孩對母親的需要上，若要幫她解脫出來，很難，因爲她有精神分裂症，無法做較深的邏輯思考，情緒又不穩，不易掌握住情緒背後的真正「情結」，就很難幫她「看透」甚麼，更不要說想讓她明白她的暴力行爲有多困擾她家人。

而她的痛苦，寸寸都是斷腸的，她的情緒循環，更像金箍圈頂，愈逃愈緊，最後，不是因爲情緒崩潰住院，就是自傷或傷人。

「我媽媽——不了解我，見我像見鬼，我病成這樣，難道她不知道我有多痛苦？……」她強自鎮靜著。

「我很寂寞，我交男朋友，她竟說我像是妓女。如果我是，——她也有責任，不是嗎？醫生？」她冷冷的看著我，又不像在看我，眼裡都是「恨」。

「我被她的男朋友強暴過，她說我亂講，連我姊也幫她說話。——書上說，在小時候被強暴的人，長大以後，不是會變成「聖女」——排斥『性』，就是會整天想要『性、性、性』，變成妓女！——對不對？」她等我同意她。

「是有人這樣發現過，那是——如果不知道自己被陷住了的話。」我看她，「如果自己能『自覺』到，再經過一些心理上的『再學習』，就不會有問題了。妳是哪一種？」

我也不知道她到底有沒有被強暴過，她的「記憶」是有問題，但是我必須尊重她的「痛苦」和「問題」。

「有時候，我想——我可能有雙重，甚至多重人格……」她神祕又孩子氣的笑出來。

「我覺得——有一個『我』，很討厭『性』，另一個『我』，沒有『性』就活不下去了。」說完，她又變得坦然，撇撇嘴，用「妳看呢」的眼神瞧著我。

「我不知道這樣算不算『雙重人格』……還要再看看。我擔心的是，妳不怕『愛滋病』啊？」

❖性伴侶問題

「我選人都很小心……我知道、我知道，那是『看』不出來的東西。我上個月做過測試，我是安全的。」她很高興。

「測試結果並不能保證妳的安全，有時是身體反應在測試時還沒出現，有潛伏期的。」

她被我的話嚇一跳，我從抽屜裡取出一份資料，是教導精神病患要如何注意躲開「愛滋病」的小冊子，要她當場就讀，她也真讀了。

她看完小冊子後說：「妳是真的關心我啊！」

「是的。我不知道妳看進去多少，我們必須重視這個問題。妳的生活壓力已經夠多，我當然不希望妳再有麻煩。」我把身子伸向她，確定她聽見我的話。許多精神病患會吸毒，用針管注射毒品，不懂節制性行為，「性病」、「愛滋病」自然就容易滲入。

「我一定會小心……」她把小冊子收進了皮包，我知道以後每次見面，都得要多少談談這個問題了。

我注意到她常會舔唇，好像嘴乾。

「會常覺得嘴乾嗎？」

「是呀，我發現我現在很會喝水，本來想跟妳要水的，可是不好意思，我一喝就喝很多，可是，很快就又想喝……」她奇怪著。

「有可能是妳服的藥的副作用。嘴有乾的感覺，並不一定就是身體需要更多水量。下次喝水時，不要大口灌，要小口小口的，含在嘴裡一會兒，放鬆唇和舌，慢慢吞下水，解除了『乾』的感覺就好。」

❖靈光一現

突的，她把下巴一抬，驚奇的看著我：「對呀，就像想『吃』的時候，不一定是『餓』的時候！……我回家就要記住這樣做！」她用手肯定的、大力的拍了下我的桌子，「原來——很多道理都很像。」她曾經參加過很多種「減肥課」。

「這真是妳的優點，妳會『組合』一些有意義的經驗。」

她笑開了：「妳真好，還有沒有好方法？教教我？」

「妳能發現自己的問題，我們就可以一起想好方法解決。」

她答應要找問題，並且視此爲目標。

她走後，我打電話給她的精神科陳醫生，弄淸楚了她吃的藥的種類與劑量。陳醫生也擔心她的「情緒」與「衝動行爲」，我們雙方交換看法，還不認爲她有「躁鬱症」的現象，陳醫生正注意著她對藥物的合作性和副作用。

再跟她見面時，她又給我一張心得信：

我真喜歡上次的談話。

我失去了很多，也受過很多傷，我多想做一個平凡的正常人。我不再怨我的母親、家人，我只感謝神。

我得了「精神分裂症」好幾年了，回頭看，我走了太長的路。我很注意別人怎麼看我，我在別人眼中又是如何？Dr.王是第一個看我像「正常人」的人，真為難她了。我不能跟我姊姊比，她有一切好的，而她卻不接受我，她才是鬼，我們從小就不合，我認為她總是嫉妒我，不過，這些在現在都無關緊要了。

還有一件事，我有一個朋友，說他時刻都在看聖經，說他能讓人自動睡覺。我經常愛睏、想睡覺，我是不是著他的魔了？

還有一件事，我曾讓一個女的碰我，她的手摸過我的頭、頭髮、頭皮，感覺很好，讓我身上那種「動物」的感覺消失了一些。

我昨天罵了自己，罵自己好醜，比不上任何一個女人。

還有一件事，最近我一直接到一個秘密訊息，說我的喉頭會被切斷，因為我禱告太多，我的頭會因為喉頭被切，而掉到一邊，這會是真的？還是我的病症之一？

看完她的心得，我有些擔心。

❖面對幻覺與幻想

「告訴我，上回談話爲甚麼讓妳喜歡？」我笑瞇瞇的。

「妳關心我，是『我』。妳不怕我，妳告訴我怎麼對付我的病，讓我覺得我不是甚麼可怕的東西。」她的口氣充滿感情，「我也不像以前，總是在害怕甚麼！」

「害怕會做出甚麼自己不能控制的事？……或是，怕被甚麼東西害了？」

「都有，都有。……妳從不說我有像『瘋子』的行爲，」她哭了：「可是我知道我有，我沒辦法控制，很多人罵我，我很自卑，很多人也不敢靠近我……」

「我不認爲妳有『瘋子』的行爲，他們也不該用這種字眼。妳已經很好，很努力，就像妳自己說的，妳已經走了好長的一段路，那些不敢靠近妳的人，妳也不需要靠近他們。他們不了解妳的人，以爲妳的病就是妳這個人，等他們了解妳，比等發明出能治妳的病的藥，更—難！」

「我很難跟人相處……」

「來參加『團隊復健』課程，妳該來的。」

「都是一群『病人』在一起，能互相幫甚麼呢？」她很排斥。很多精神病患都這樣想，認爲加入團隊復健，是一種『淪落』，更害怕徹底撕去了紙一樣薄的『自欺』，以爲自己並不是那麼樣有病的人。另外一個原因，則是心底也看不慣其他病人的樣子！

「參加團隊復健，可以讓妳認識新的朋友，看見妳的病是可以進步的，發現妳可以幫助一些人，而且妳不是唯一有病的人。最重要的是，課程很有趣、多樣，我也在裡面帶一個『自覺與放鬆技巧訓練』的團體。妳容易衝動，『幻聽』、『疑思』就多起來，更要學放鬆技巧。」
她答應先參加我的團體，看看再說。我也不能勉強。
「不過——『放鬆』會不會讓我更想睡？」
「想睡，可能也是藥物的副作用，要記得對陳醫生說，同時，如果妳的活動多些，沒有常常閒著，也會好些。」
「妳確定我不是被放咒了？」
「我確定。」
「妳爲甚麼確定？」
我笑了：「我就是確定，我也不知道怎麼說明，也許——是因爲妳的病。妳的病癥之一，就是妳會聽從妳的病要妳相信的任何原因，不善於做多方向的思考。而我認爲妳很聰明，妳也並不真信妳被放咒，所以要問我，不是嗎？」
「我也希望是我的『幻想』……」她看著我，點著頭。
「我很好奇妳在心得裡說的，這摸妳頭的女的，還有妳說的『動物』的感覺？」

她伸伸脖子：「我不知道怎麼說……那個女的，是幫我洗頭、做頭的小姐。有時候，她在整理我的頭髮時，我覺得自己好像變成一隻貓，希望……可以永遠下去。」她很留戀那個感覺，人都軟了。

精神病患有時很像自閉症的患者，會對某一種特別的「觸感」所引起的情緒，產生許多說不清的聯想、幻想，不想自拔，因爲那也是一種安慰。

「……我常常想當動物，不想當人，動物沒有感覺，做人好苦哦……」我想到很多人戲言過：當人很累，做個「白癡」，或者「瘋子」也好，知道的少，煩惱也少……

❖想過自殺

「當人當累了，又不能當動物時怎麼辦？」我快碰見我所擔心的。「死。」她點著頭，一直點，這是她的自衛動作，以壓制那個時而出現，時而隱藏的自殺念頭。

精神分裂症患者，每一百個裡，有二個到十個會自殺。會對他人施暴的病患並不多見。於她而言，兩者機會都大。

「怎麼死法？」

「也許——割喉……」她正經的說，頭仍點著，聲音裡有著嗚咽。

我看著她，她也看著我，沒有說話。

她掀起袖子，讓我看見她上手臂上的刀痕，瘡已舊，淚仍新。

她還幻想到割喉以後，頭掉到一邊的樣子，那是很恐怖的幻想，反映出來她心中不能處理的情緒的強度，手臂上的刀痕，其來有自。當然，也有可能在割不下自己的喉時，她會跟著幻覺去割別人的。

她曾經聽上帝的話，把她母親狠打了好幾頓。固然這跟她的精神失常有關，可是我們也擔心她養成習慣。一個人不管精神是否正常，暴力行爲都是要設法治療與防範的。

「妳——心裡一定很害怕著？怕這種念頭？」

她默默流著淚，點著頭，眼睛看著牆角，開始不停的搖擺著身體，像在抗拒甚麼。

「妳要說出來，說出來會好多了，不要怕，活著——是很不容易。」我堅定的看著她，等她轉頭看我。

「我死了——就會變成動物，有病，也沒人在乎了……」

「妳的病，是個麻煩，但不是妳的錯，妳並不想有病的。」

「可是沒有人知道，沒有人愛我……」她轉頭看我，身體仍搖擺著。

「我知道，我知道，慢慢的，還會有更多人知道……他們需要時間去學。而妳，妳的生命在妳手裡，等別人的同情、愛，妳會更苦，因爲等不到。他們還不懂——不懂怎麼去跟妳說話，怎麼去體諒妳……妳的家人不懂，整個社會也不懂。但是，妳的『可愛』、妳的『存在』、妳想『好好活下去』的權利，妳不可以自己否定掉。」

❖預防自殺

她聽見了我的話：「可是如果是『聲音』要我這麼做呢？」她無助的問，身子不搖了。

「任何時候，儘快聯絡我、告訴我，我會立刻幫助妳，克服『聲音』的力量。如果妳已無法抗拒『聲音』的命令，又找不到我或陳醫生時，妳就自己去醫院，立刻去。答應我，妳聰明，又努力了這麼久，最難的日子，妳都捱過了，妳如果信任我，我會陪妳走妳覺得難走的路。」我清楚的說。

我並不擔心她有馬上「自傷」或「傷人」的行爲，但是卻要趁此明朗這個「暗流」，初步溝通有緊急狀況時的安排。她的談話心得裡提到的「割喉」幻聽，只是一個線索，讓我猜到她自殺的念頭又浮現心頭，在她的過去，一定也浮現過多次。

「我也並不是想死，我還想當幼稚園的老師，只是，有時候，心情跌到了谷底。謝謝妳，我會記得妳說的。」她擦了淚，安靜著。

「也許可以談一談最近心情怎麼壞過？」我鼓勵她。

她談到人際關係上的困難，又談到和母親的衝突。有時，我需要一字一句的教她怎麼說話，有時，我要教她怎麼自己給自己打氣，中間需要很多重複的練習、說明、鼓勵。

談話結束時，我再次提醒她參與「團隊復健」，領著她逛了一圈團隊復健的教室、活動室，給了她一張復健課程表。

她忽然說：「我想抱妳一下。」她抿著唇，羞澀的笑。

我說好，也用力的回抱她，我沒抱過那樣胖的人，感覺很新鮮、很好玩。

她走了。

我祈禱她這次能努力治療下去。不過，在生命的長河裡，一切都起伏不定。

※　※　※

❖關於這個個案：

一、臨床上與個案建立好的關係的方法是：同理到個案的痛苦與掙扎（接納與尊重），告訴個案他的病癥的意義（診斷），讓他明白是有辦法（治療方法）可以控制病情的。遇上病識感較差的人時，就必須淡化談論病癥的部分，以免把他氣跑了、嚇跑了。

這個個案的「病識感」並不好，就要多強調是她的行爲有問題，她的人很好。當然對病識感好的人也需要用這種態度，對正常人也是，差別是在多少之間，而非有無之間。

愈正常的人，自覺也較好些，遇挫折時，比較記得自己「好」的地方，會用方法保持心理平衡。心理問題愈嚴重的人，特別是有精神病、病識感差的人，平常就只有很少的自尊自信了，一遇挫折，很容易歇斯底里，做出失控的行為來逃避挫折感或羞恥感，不是傷人、毀物，就是自殺。

在從前的時代，精神病患被鐵鍊鎖著，是鎖上他們的可能暴力，也是鎖上了我們對病患的恐懼、無能、無知。

二、個案對幻聽、幻想、幻覺的內容的理解，常反映出個案本身的內在情緒衝突與思想觀念。討論個案表達出來的幻聽幻覺幻想，是心理治療的重點，從這也能幫助病人增加「病識感」，學習控制那些幻聽幻覺幻想的方法。無法只對個案說：「不要想太多，多往好處想想，多幫你的家人想想，多做點家事，少自尋煩惱啊。」這些苦口婆心的話會讓個案下次不理你了，因為他感覺到你認為他不正常。

通常我們並不鼓勵非專業的人去和病患談幻聽幻覺的內容，以免出意外。

三、不管一個人的精神健康程度在哪裡，都需要「自尊心」，只是在計較自尊的情況選擇上有所不同，因為他們對現實的看法與解釋離常態較遠，這些都要從臨床經驗裡學。一個精神病患可能不介意你笑她沒穿衣服，但是會極傷心某一天你忘了跟她說早安。「霸王花」不自覺打人的後果，卻很恨母親、姊姊疏離了她。

四、「霸王花」會透過性關係去肯定被喜歡，要修正這個想法不容易，畢竟性和愛情容易混淆，而愛情又遠比友情和親情更吸引人性趨之。更嚴重的是許多精神病患會吸毒，並且沒有固定性伴侶，不懂自我保護，容易被「利用」，染上性病或其它疾病的機會太多。在現實生活中，精神病患受到肢體虐待或性虐待的機會也很大。

五、自殺的防制也是心理治療的重點。在心理診所做久的人，每個月都會聽到有人自殺。時而也聽過一些單獨居住的病患，死後數天才被發現。

六、許多精神病患常表現得像和母親之間有沒完沒了的愛恨情仇，造成有的母親也對病患產生各種一言難盡的愛恨情仇，這其間有許多是錯誤的、顛倒的、病態的互相刺激與增強所致，很難對其間是非、原因追個究竟。當務之急是病患需要治療，家屬需要了解，社會要給予支援。

※　　※　　※

❖幾個問題：

一、當精神病患犯了法，我們的社會是如何處理的？警局、拘留所、家屬、心理精神治療單位之間是如何合作的？經費從何而來？

二、我們的監獄系統裡的心理輔導制度如何？

三、這個社會可以怎麼鼓勵家屬幫助病患就醫？讓「家有病患」不再是一種家醜？

四、蘭花草

蘭草出山時，本來茁壯，三年來，潛伏的病蝕心，終至不能結蕾。蘭草依然需要陽光，好做一株青青河畔草。「美蘭」與我是在三年前認識的，那時她是一個大公司的會計員。她的發病過程，從三十五歲起的失常性「焦慮」與「沮喪」的情緒問題，演變到「迫害性妄想症」，直至三十八歲時，才確定是「猜疑型精神分裂症」，夫妻關係從此面臨嚴重考驗。

※ ※ ※

❖第一年

我那裡錯了

是美蘭先打電話給我，尋求解決一些婚姻上的問題。

第一次晤談時，他們夫婦就是一同來的。美蘭留著短髮，穿著是時下有專業能力的職業婦女的打扮，說話進退都很有禮貌、很自信，而在不斷的笑容裡，藏著一股不易發現的焦慮。

她的先生——海山，人說話很溫和、委婉，但口氣裡總有一種「不知從何說起」的無奈味道。海山的職業是汽車修理的大師父，收入不及美蘭，由於兩人沒有孩子，經濟上一向也沒有什麼壓力。

談話開場時，兩人還沒決定好誰先發難，正推來推去。不知道爲甚麼，從他們對彼此生氣的態度裡，我看到他們之間有很深的依賴。後來是美蘭先開口：

「我先生不了解我，常常跟我唱反調……」美蘭雙手抱在胸前，口氣很怨。

「我不是那樣，我是在幫妳從寬一點的角度去想事情嘛！……」海山比劃著雙手，試著要說明甚麼。

原來，上個月，美蘭的上司就以美蘭太常請假的理由，要將美蘭辭掉。後來公司還顧及美蘭已工作了三年多，所以就明說要美蘭自己先辭職，比較好聽些。

美蘭強忍著淚說：「我根本不知道公司有這種規定，說請假太多會影響工作機會的去留，……我也只有這半年才比較會請假……」

「不過——當初簽約時，約上確實有寫，是妳——是我們沒看仔細的……」海山搖搖頭，「而且——妳有時候——還連請假都忘了報備……」海山彷彿不敢再多說。

「人難免會忘記事情的啊！」美蘭立刻說，「他們也忘了我經常超時工作，也忘了報加班哪！怎麼不提這些？而且，後來我還是都趕快補繳假條了啊！……」

「我知道、我知道，現在說這些也沒用了……妳休息休息以後，再慢慢找其它的工作也可以……」海山想鼓勵她。

不料，美蘭更生氣，大聲起來：「你——你就是不願意聽我說話，我心裡不甘心，你從來不聽我發發牢騷……我心裡有多嘔你明白嗎？我說不過我的老闆，他不顧情面要我走，我在家說說，你也不想聽……我——我去死了算了……」

美蘭抱起頭痛哭起來，海山尷尬著，但仍記得伸手去抱住美蘭，安慰她。

「我——我即使忘了請假，也都是因爲前一天跟你吵架的關係……」美蘭嗚咽的說。

「妳這樣說——我——我也不知道該說甚麼了……難道——妳要我去找妳老闆談判去？」海山把抱著美蘭的手收了回來，臉色很懊惱也很累的樣子。

美蘭並沒鬆口：「本來就是！不，不對！我只是討厭你總說我的不好、不對，我沒看清楚契約、我忘記請假，是我不對，但是我老板是惡意要我走路，不然爲甚麼不顧念我好的地方，將功補過？」她瞪著海山，「外人不體貼我也就算了，你是我先生，卻不能跟我一起打算，也嫌我這、嫌我那的！我們說過幾百次，現在經濟不好，我們的工作都不好，你也同意我們一起去夜市擺個攤子，試賣我做的小工藝品，做得好了，我們都不用再幫人家做，我們可以過自己想過的日子，不是嗎？不是嗎？」

「我從來沒有反對這些，可是——可是妳會就因爲我放樣品的位置和妳不一樣，或者——我的賣價不合妳的預計，就發脾氣、摔東西、離家出走，我受不了……」海山看來並不弱勢，而仍然溫和。

「你受不了?你受不了?是我才不能忍受了!因爲我們太不一樣,不能溝通!我說過,你賺的少沒關係,只要你曾經努力、創造機會過。現在,現在我失業了,創造收入的機會就更重要。而你,你想不出多賺的點子,就聽聽我的,可是你卻老是遲到、不依我的建議賣我的東西,送貨時手腳也不輕點,那些東西都很細緻的……」她咄咄有辭。

從海山的無可奈何裡,我看見美蘭給他的壓迫強度,這個壓迫強度反映出美蘭心中巨大恐懼情緒,尙不知內容爲何。

「她發起脾氣來,會做甚麼?」我要注意美蘭的破壞力。

「妳……請她自己講吧!……」海山把話抛給美蘭。

「哪有做甚麼?我出去透透氣,躲開你一會兒不行?」美蘭衝著海山說。

海山看看她,勉強擠出一個微笑,神情是「妳怎麼說就是甚麼吧」的樣子。

「我需要知道淸楚一點。」我也試著微笑,保持溫和的堅持:「失業,是很難捱的一個壓力,它對個人的自信、自尊,對家庭的經濟壓力、生活社交的計畫安排，處處都有影響，這時夫妻間的合作、支持就更重要。尤其在一方情緒不穩時，另一方多少要能適時幫上一把，情況就不會惡化。」我看著美蘭，「所以，美蘭，我需要聽聽海山告訴我，妳發脾氣的樣子和接下來會做甚麼動作？我可以幫助海山更了解妳的習慣，去幫助妳。當然，妳也想要知道對方怎麼看妳的行爲，不是嗎？」

小火山——情緒失控

海山像得到了「力量」：「我也是認爲需要讓她知道，……可是——她常不承認她的行爲有那麼嚴重……」

美蘭反感的看看海山，臉上流露出困惑和不耐，可是還同意讓海山繼續說。

「我們最近——應該是這半年來——常常有意見不一致的時候。先不說誰對誰錯，她會很快就不耐煩，還堅持她是對的，完全聽不進『別人』的話——大部分時是我的話。脾氣像衝天炮，還來不及說甚麼話安慰她，就已經爆開了。她以前不會這樣的……」海山像想起來甚麼，「以前她也許比較固執、想不開，但是慢慢的還說得通……不像現在，她還會用很難聽的話罵人、丟東西、打我，一鬧好幾個小時，有時候，甚至鬧個兩、三天都有，她還說要離婚，再不就半夜開車出去，像瘋了……這完全不像她……」海山正經的看著我：「不要以爲我是怕離婚，所以故意不去看清楚問題，我是真的覺得她不一樣……真的。」

我看著美蘭，想著她的情緒出了問題了！是有甚麼事刺激了她嗎？

美蘭哭了。

「對不起，我不是要揭妳的隱私啊！……」海山很想體貼她，左手環住了美蘭，右手擦著自己的淚，「我真的不知道該怎麼辦？我能忍受多久？我也不知道，這樣下去也會傷了我的『自尊』……這也算了，我真正擔心的是她會毀了她自己……。」海山也哭了。

「我——沒辦法控制自己……」美蘭微聲的說。

「妳在外面都很好呀！……」海山拍拍她的肩，想告訴她她是有能力改變的。

「我也不知道……對外人——我都能原諒，只有海山……」美蘭迷惑了。

「海山和『外人』不同的是？……」我說。

「也許……『外人』有太多利害關係要小心，還有些『外人』，我心裡根本不在乎他們？……」她說。

很合理，也反應出她這個人可能很能做表面，倒不一定是虛僞，而是，自己「固執」，又要做表面去迎合別人，必然時時有很多情緒上、想法上的衝突要調適。當然，還有可能是某些經驗和想法讓她學到不能對外人釋放出自己真正的感覺。再嚴重些，就是精神狀態出了病態的問題。經過更仔細的詢問，並沒有發現有精神病變的現象。但是知道美蘭的父親很孤僻，容易失眠，而且有暴力行爲，不過未曾有精神失常現象。

通常，調適的技術是改變原來錯誤或偏窄的觀念，並且能在內心緩衝自己情緒上的「衝動」和「需要」。不然，身心必然有過多壓力累積，總要爆炸出來。

美蘭顯然調適不好，海山又不懂如何幫她減低壓力，就做了她的「垃圾桶」囉！婚姻關係裡，最怕有一方因爲不能解決的壓力，而把另一方由「出氣桶」，進一步變成「敵人」，最後演至「離婚」。

當然，人若固執到丟了工作，快毀了婚姻、毀了自己，裡面就有更深的問題。

問題從何、因何開始的

詳細問過了兩人過去的關係，美蘭並說不出到底「海山」有給她甚麼難過的地方，而且她也清楚鬧離婚是亂來，她很愛海山。

美蘭的情緒、行爲，變得「暴烈」、具有「破壞性」，是在面臨辭職的這兩個月發生的，而在這之前的四、五個月，情緒也是不穩，容易忘記事情，常有發呆和疲乏的情況出現，想法極度鑽牛角尖，但沒有「幻覺」或其它「脫離現實」的現象，生活裡除了既有的壓力，也無任何新的對美蘭心情造成威脅的狀況。美蘭的家族史裡也找不出有精神病或嚴重情緒問題的例子。

目前美蘭的現象是「焦慮」與「憂鬱」同體的症狀，嚴重的吃不好（近來查出有胃潰瘍，沒有其它病況）、睡不好（一星期六天有睡不好、雜思不斷」、易怒且忽略行爲後果、不能理性思考、想要再創立自己的生活，卻又對未來充滿不安與無力感、夫妻關係更受威脅。

我建議她和精神科陳醫生見面，看看是否要服些藥，也許會更快有助於她。

精神科陳醫生詳細問診了美蘭，給美蘭開了安定情緒的藥，也再一次確定她沒有「躁鬱症」，或者是「精神分裂症」初期現象。由於美蘭提到，她有一個堂弟是躁鬱症患者，這些較嚴重的精神疾病例子，是近親家族裡的人的一個觀察點。我們注意到美蘭愛鑽牛角尖，不善從多角度看事情，很自重，但是很不善溝通。

心理治療的重點就放在夫妻溝通、美蘭的情緒控制與放鬆訓練，以及一些人生觀、生活態度、價值判斷的討論，以便對美蘭的固執心態、偏狹的觀念、自卑感，做深度放鬆處理。

偶爾，也配合「催眠」的深度放鬆技巧，幫助減低她的心理防衛系統，讓她的「自療能力」能多出來一些。美蘭在催眠的鬆弛狀態中，多次回憶起關於她的父母親和她的童年情節。她的父母感情不好，父親很會打孩子、老婆，很少爲家負過甚麼責任，母親才是家裡的主要角色。而美蘭，從小就很能唸書，做好自己份內的事，所以經常幫母親照顧弟妹，卻沒有人注意過她需要甚麼，後來母親是因爲心臟病發而過世。

美蘭一直很遺憾沒有機會問母親一個問題：當初是不是因爲懷了美蘭，母親才不得已而和父親結婚？不然，爲甚麼父親那麼愛打人，不像愛這個家裡的任何一個人！美蘭的「自卑」從很小就種下了。這個自卑讓她好強，不與人談任何困難，畏懼權威，非常在意別人眼中的她，舉止非常自愛小心友善，人經常緊張而不能自覺，平常與人交往處事中，一旦認爲自己是對的，就不可商量。

海山一直很對美蘭表現支持，說他對婚姻很認真，不如說他對美蘭這個人有很多尊重和感激。他們結婚九年，他知道若不是美蘭失了業，她絕不會嫌他賺的少，甚至不賺。美蘭自己沒了職業，失了安全感，急了，就一心要「提振家邦」，攪得自己和丈夫的關係一片緊張，四面楚歌似的。

海山自己在車行裡的收入，也不樂觀，由於是抽成制，經濟不好，需要修車的客人就更保守，只要車能動，其它的能不修就不修，海山所收入的也就跟著少了。在兩人的積蓄用完前，他們期待美蘭的情緒、精神能好些，並且有新的工作。

心理治療的頭三個月，兩人關係進步很多，美蘭的脾氣在控制中，並且幽默感增加。又一個月過去，美蘭爲了家計，急於找工作，她自己把鎮靜情緒的藥也停了，因爲服藥讓她早上不易清醒，但是陳醫生說那是可改善的問題，不過，也同意她試試停藥。

很快的，美蘭找到了一個工作，夫妻兩人就停了爲期四個月，每週一次的心理治療。

❖第二年

他們排斥我

時光飛逝，聖誕節前兩天，美蘭突然出現在診所，說是要和我說話。她已在診所外等了一小時，才決定要接待員通知我。

我們距離上次見面，是一年又兩個月。

這次見面，她好像變了些。雖然依舊穿著整齊，但看我的眼神，似乎失去了以前所有的「精明」，動作也充滿著不安，少了些「敏捷」。

「我——早上起來——心好慌好慌……，上次，我們離開——因爲我要工作，——也因爲我怕——怕我有病……」她又抿緊唇，那種抿法是很痛的，她在用力壓抑甚麼。我問她要不要喝水，她說要，要熱的。

她喝口水，沒有時空距離的又說：「我跟海山又吵架了……」她看我：「從上次到現在，我已經丟了三個工作了……」她放下杯子，聲音裡透著一種深鎖的害怕：「我會不會真的有病啊？……我想，妳會知道？……」她的雙手抓緊著雙腿，用力扭著。

「告訴我，發生了甚麼事了？全部告訴我。」我輕輕鬆開她的手，要她看著我的眼睛。

她哭了：「我不能控制自己，連海山都生氣了，他快不要我了……」

「不能控制自己？」我輕聲問。

「不是我的錯，是他們——我的同事——排斥我，不跟我說話，不跟我玩，也不邀我一起吃午飯，每一次——一個新工作——過了一個月的觀察期，他們就叫我走路，——有一個工作，甚至不到一個月，就要我走——我沒有信心再找工作了……」

她追問我：「是不是？是不是？是不是他們嫉妒我、排斥我，——我已經很屈就了，那些工作——都沒我原來的好，爲甚麼？是誰在處罰我？……」她咽咽的流著淚，極傷心。

「我聽到妳說——妳懷疑自己是不是有『病』？……」我問。

「是海山——他說的。我不相信他不愛我，可是，現在也不知道了……因爲他有『外遇』了，雖然他不承認。他還故意說，如果我再說，他就真去找一個……他還說我有神經病，怎麼懷疑起他的人格來？」她又嗚嗚的哭了。

美蘭告訴我幾件事，讓我立刻決定爲她安排與陳醫生見面。同時，將邀請海山再來一起談。

美蘭說，在上班的時候，她老覺得要小心翼翼的，因爲總覺得人家在觀察她，等著看她出醜。很多時候，她也覺得同事故意隱藏一些消息，不給她知道，讓她做不完該做的事。

另有些時候，她感到同事間用她聽不懂的「暗碼」對話，讓她難堪得想立刻逃開現場。我問她是甚麼「暗碼」？她怎麼理解的？她說例如：「明天可能要下雨」，就是「咖啡」快沒了，「中午去哪吃飯？」，就是不要美蘭知道公司開會的時間。有時，有同事叫美蘭不要做得「太辛苦」，她認為同事是嫉妒她，在暗示她快點辭職。

「這樣子我還怎麼能工作下去？又要有成就，又要小心背後的暗箭，我真的不知道該怎麼做了，我快崩潰了……我們的錢——也越來越緊……」她無限焦慮。

我問她是怎麼應對這些同事間的狀況？她說她並沒有直接的證據，不能去對質甚麼，而且也有可能是「誤會」，所以，她決定依然盡力做事，但絕不跟同事說話，吃午飯時，就一個人出去吃，不餓時，就看書。可是，還是維持不了工作。

我知道她已盡力在維持一點正常的外表與自尊，她站在崩解的邊緣。我告訴她來找我談是對的，我明白她的艱難和努力，要她先放輕鬆。

我接著問她爲甚麼有可能是「誤會」？她說因爲她也不確定，有時候，她看見真的是自己的錯，並不是被同事算計的。其它的時候，就很難說了。

病識感

美蘭很迷惑，她的神智在「正常」與「失常」的邊緣徘徊著。

「妳說的對，沒有證據，有可能是『誤會』。但是，妳可以注意的是，繼續做好妳的工作。妳很能幹，又有責任感，久了，同事會看見妳的好。妳只要保持妳的友善態度，就像妳對我一樣。妳有懷疑過我對妳說用『暗碼』、不誠實嗎？」我必須把她和我之間的管道鞏固好。

「沒有、沒有，我知道妳是在幫助我的人，我連妳都不信任，我就活不下去了……事實上——我最難過的時候，就想到妳……」她說。

我相信她，因爲她還有能力「考慮」自己的判斷，表示尚未脫離「現實」太遠。同時，我要增強她和我之間的信任，因爲她和我的關係品質，將是以後維繫住她生活中的「現實感」的基點。

我給她很多鼓勵，慎重告訴她要聽陳醫生的話，按時服藥。

接著，我跟陳醫生重新再看一遍她的過去，覺得她有可能是晚期發病的精神分裂症患者，因爲一年多前，她的情緒突然大幅度改變，思考僵化，現在又出現猜疑性幻想的症狀，接下去還有甚麼很難講，雖然尚無「幻聽」現象，卻也不樂觀。

目前，美蘭的病象是靠近「迫害型妄想症」，我們也知道這個初步診斷，是她目前的心理絕不能接受的。連陳醫生也不敢太明說她吃的藥裡，那些藥是在壓低她的幻想、疑想。只說藥是幫助她鎮靜，放鬆腦神經，就不會害怕不知怎麼應付爲難的人際關係了。

海山又出現在晤談室。這回，他的聲音一樣溫和，但是透著一種決心。他宣告受不了美蘭的「怪異行爲」，倒不是美蘭的「脾氣」和「失業」。

迫害型妄想症

海山看見的怪異行爲是：美蘭經常忘了關爐火，燒焦東西，卻怪到他頭上，指他故意偷開爐火，就爲了證明她不是好廚子。美蘭也懷疑他跟一個兩人共有的、認識了七年的女性朋友，暗通款曲，美蘭對朋友冷嘲熱諷，結果把朋友氣走了。最近，美蘭還叫他去質問對門的鄰居，爲甚麼每回她一出現在門口，鄰居就把大門用力關上。還有，每次是美蘭自己破壞規矩，在屋裡抽煙，卻轉過來罵他，說他帶女友到屋裡抽煙、做愛，因爲床是亂的。

海山在抱怨的時候，美蘭都靜靜的聽著，如果仔細看她的表情和眼神，會覺得她好像不知道海山在抱怨的人就是她。而問她的時候，她又很困惑，不知道要相信自己？還是相信海山？她無助的看著我。這樣的情緒表現又像是「猜疑型精神分裂症」的人才有的表情。

「美蘭的『擔心』，對美蘭的世界來說是真的。」我看海山：「而你能做的，就是做你自己，告訴美蘭，你不是她所想的那樣，也不必多說甚麼。」

「可是她會猛問我！我真不懂，怎麼跟她解釋都沒用——很煩人的，我實在很累——我們都分房睡了。」海山仍然誠懇真實。

美蘭又哭了，我知道難辦了。

「他不愛我了……」美蘭哭。

「不是那樣的——我需要我的空間。妳變了——妳知道嗎？妳不像以前的妳……」海山打住，攤攤手，一言難盡，又怕多說會傷了美蘭的自尊。這個人，還不知道他面對的問題。

「我沒有變呀，我只是失業了，你怕要負擔我——你想擺脫我！」

「妳爲甚麼還亂扯？我已經說了多少遍？這些日子不都是我在負責？而且我從沒抱怨過！妳爲甚麼老是要相信妳想的，不相信我說的、我做的？我——我簡直不知道怎麼樣才能把妳那個『念頭』拿掉！」海山又氣又無耐。

這時美蘭卻笑了。

過度肯定的需要

「妳需要他用這麼大的『力氣』來告訴妳他還愛妳？」我說。

美蘭點頭。

「我可一點也不覺得好笑，我要分房，就是要她有點改變，我希望心理治療有用，我並不想分房的。……」海山很認真。

「分房」也不能解決問題，但是他有權選擇這樣做。

「我們正用藥物和心理治療雙管齊下，這個過程，就像上次一樣，也需要你的幫助。至於分房——要注意美蘭怎麼想……」

「沒問題，妳要我來我就來，我需要改變現在的情況。分房是我們同意的，她常睡不好，有時我們倆的情緒都不好，目前，同房真的沒有甚麼意思……」海山像下了決心的問道：「她到底是怎麼回事？……」他用手指指自己的頭部。

美蘭也看見了：「我——是怎麼了？……」她很緊張、很掙扎。

「我現在沒有具體的答案給你們，但是知道第一點，美蘭有情緒控制的問題，也就是她無法察覺自己的情緒從何而起，不知道怎麼去守住理智，而情緒又脹大的過快，這部份可能與她的腦部化學體的分泌不平衡有關，情緒過大，當然會傷害自己的判斷力，這又會影響到思考上的清楚程度。第二點，美蘭很敏感，會過度解釋一些她所知覺到的現象，並且相信自己對現象的『解釋』，這也跟她的大腦功能起了變化有關。那些『解釋』，對她的感覺來說是真的，但是，美蘭的優點在她還願意再想想自己的『解釋』是不是『真』的。」我停下來，確定一下他們還懂我在說甚麼。

並不是懷疑他們的理解能力，而是怎麼去解釋精神上的問題，本來就是一個很難的挑戰，對每個病患的解釋，沒有標準的說詞，處處相同，也不同。

「我說沒有具體的答案，是還要再觀察美蘭的問題的嚴重性。美蘭目前有感覺到自己很痛苦、願意談、願意找尋幫助，也想明白出了甚麼問題，這些都是好現象。美蘭已經很勇敢，她被自己的『想法』困擾，但卻仍能按下『自尊』，找尋幫助。要知道，她的那些被排斥、被瞧不起的『想法』，對她來講，在感受上是歷歷如真的，她的痛苦是很大的……」

美蘭一直低聲哭著，這時她說：「我以爲沒有人會了解我了……我也不知道，我就是會那樣想，像掉到一個甚麼『洞』裡，我不能控制——只相信我『想』的東西，然後痛苦不堪……」她看著海山：「我有時想，你不會不要我，可是我沒有信心，我就是會覺得你要離開我——有外遇。」

活在疑懼、不確定中

「現在——我們都說的這麼清楚，妳還認爲我有外遇嗎？」海山問她。

她笑了：「現在很清楚，我相信你……我很對不起，冤枉你……」

接著，她忽然又茫然的說：「可是——明天我就不知道了……，我會變的，我並不想變的，相信我，可是我知道——我知道自己不可靠……」

「不是！不是妳不可靠，妳能想要『不變』，這是最重要的，而妳知道自己會『變』，這更重要。在妳的療程裡，藥物是用來穩定妳的情緒和一些衝動的、牛角尖式的思考方式，心理治療裡的『現實治療法』和『症狀控制法』，則是幫妳加強對現實的認知，學會『不要變』的方法。你要學會這個方法，得先看見自己會『變』。妳很好，我對妳有信心，因爲妳已經先在半路上等我了。」

「我發大脾氣的時候，真的，我知道發脾氣——是痛苦又不好，可是我身體裡就是有一種『必須』發脾氣的感覺，我是被那個感覺拉著走的。……還有一次，我在煮菜，我看著瓦斯的火，心裡就忽然想要燒自己的手指，那個『感覺』抓住我，越抓越緊，我忍不住大叫了一聲，自己才清醒一點，後來覺得好累……覺得整個腦筋好像被泡在鹽水裡那樣難過……」她迷惘著，雙眼瞇著，好像很累。

「妳的這種『自我觀察』很重要，是現實療法的第一步，也是最重要的一步，它對自己的精神狀態有很大的『提醒』和『幫助』的力量，這也是維持妳的病情不要惡化的重要力量。」我很鼓勵的告訴她。

「同時，妳的身體需要學習放鬆，真正的放鬆，我會教妳。慢慢的，妳要學得更勇敢，也接受我們對妳的『提醒』和『幫助』，特別是對妳的一些『想法』。海山也會學著多了解妳、幫助妳一些，你們雙方都要學習認識妳的行爲模式，和適應的方法。」

目前發現美蘭的體質和心態，在接受「挑戰」和「壓力」方面的能力降低了很多，她已不適合做全職的工作，因爲工作中的「難度」和「複雜性」會很容易對她的身心造成壓力，接著壓力就會引起情緒，美蘭又極不善處理情緒，情緒就會波及思考的「清晰度」和「效率」，這樣不但會影響到工作成果，更會造成在人際關係裡如何進退的錯誤判斷和溝通的各種問題。

美蘭同意我的建議，她按時服藥，藉心理治療來學習認識自己的問題行爲，學習適應方法。例如：當她感到被「監視」時，或者認爲有人用「暗碼」說話時，立刻要記起對自己說「我又自卑了，我只管做我該做的」，或者「我又緊張了，找一個地方靜一下，我沒有做錯甚麼，趕快注意深呼吸，放鬆……」。這些「症狀控制法」的技巧，基本上是要針對她的一些常發生的「疑想」而設計，並且要在心理治療的過程中，常常練習並且做「角色扮演」，以深度鞏固她的學習。

增加她的「自我接受」和「放鬆能力」也是同等重要的治療主題。她不能再像以前一樣精明能幹，警覺能力、判斷力和反應能力明顯退步，而一口好強的「氣」仍在，這也是令她心情難過的重要原因之一。但也是這口「氣」，讓她認真接受治療，她也贏得海山的尊重和合作。

再一次，六個月後，他們再度離開了治療，因為美蘭情緒比較穩定些，「疑想」減低到她可以控制的程度，也就是不會常常一有個風吹草動，她就根據「疑想」而對周圍的人做出敵意行為。同時，美蘭又找到一個兼職的記帳工作，夫妻關係也改善了一些。

可是我的心是懸著的。

❖第三年

荊棘路

九個月以後，這回，是海山打電話來，他說不能等美蘭打，因爲她沒有「興趣」打。

倆人又坐在我的晤談室時，海山一臉困惑，美蘭一臉木然。

美蘭胖了許多，身上有濃濃的煙味。她戴著深色眼鏡，衣著不像以前那樣仔細，動作遲慢了許多，一個刺激和一個反應間有個「停頓」，那種停頓不像是在思考，卻是像「空白」，她的臉色一直是漠然的。

「對不起，我不是要找麻煩，但是我不懂，美蘭的情況怎麼像是越來越嚴重？她以前做錯事——我認爲，還能說對不起，還能跟她講講理。現在，她根本沒甚麼是非觀念了，甚麼責任感也沒有了……」海山先說話。

「那是因爲你不愛我了……」美蘭平平的說。

「這已經是炒冷飯了，我連解釋都不必。不過，我必須說，我現在——真的不知道怎麼愛妳了……」海山停住，用手捏住下巴，不看美蘭，落入靜止中。

美蘭仍然沒有表情，「人」在這裡，「神」卻不知在哪裡，也彷彿沒有「神」。

「美蘭，」我叫她，「妳聽見海山的話了？」

「聽到了……」沒聲音了，她並沒有給我是在嘔氣的感覺。

「妳可以說說妳的看法？」我說。

「我——沒有甚麼好說……我不能勉強他。」她皺起眉，有點失落的樣子，卻讓人感到她不知道自己在說甚麼。

我看到她的情緒與語言所想表達的意思中間有落差，甚至不同。

記憶、思路混亂

「她常常這樣，不知道在想甚麼？平常我跟她說話，她經常、經常弄錯我的意思，或是另有想法，又不當場告訴我，總是後來才怪我，結果我們所記憶的又不一樣，讓我連解釋起來都很辛苦。」

「可不可以舉個例子？」

「好。她昨晚問我晚餐要吃甚麼？我說甚麼都可以，除了炸醬麵，已經吃了兩天四餐了。她說好，她去煮稀飯，結果，兩個小時過去了，我發現她在床上睡著了，我後來就自己吃了麵包牛奶，看電視去了。但是到了睡覺的時候，她發脾氣，把鍋子摔了，指我故意讓她睡覺，然後逃避帶她出去吃晚餐。我怎麼說都沒有用，我覺得她不可理喻，抓起外套只想出門走走，她就又哭又鬧、歇斯底里的……」

「你每次都不承認你說過的話，當時又只有我們兩個人，誰作證呢？」美蘭說著，聲音裡並沒有激動。

「妳可不可以告訴我一個例子呢？」我看美蘭。

美蘭呆了呆，沉默著，我不確定她是在「思考」，還是在想別的，感覺不妙。

我發現我觸不到她的「心」，好像在面對一個很具體的「空洞」，很立體的「平面」。以前在學「藝術治療〔Art Therapy〕」時，有一位老師就這麼形容過精神分裂症患者的畫。他們的畫能讓你屏息，不可忽視，卻不知從何了解起，正待想要認真看時，又發現無何可認真看的。

「美蘭，妳在想甚麼？」我還是問。

「我在想……我不知道……我好像不能想了……」她看我，人好像在很遠的地方。

「妳──近來還好？」

「不好……我也不知道了……我常常忘記──忘記自己要想甚麼？對了，我又被辭職了……」她笑了出來。

「她找工作很不順，這對她的打擊真有這麼大嗎？」海山問，「我有一種感覺，可能是她本身先有問題……因爲──連我都覺得很難跟她相處。」

「美蘭，妳覺得『自己』有甚麼改變嗎？」

「我不知道，我是不覺得自己有甚麼改變，除了──我的記性不好了以外。」她忽然掉下淚來。

退縮

「有一次，我走在路上，走著走著……我竟然不知道自己在哪裡了？怎麼想都沒用，我驚住了。我坐在路邊，不知道怎麼辦，忽然想起妳的話，我開始深呼吸，儘量放鬆，過了好久，我慢慢想起來我在哪裡了，原來我離家才兩個轉彎而已。發生過好幾次了，我快不敢上街了，可是海山還是要叫我去這去那……我——好怕……」她用手用力的擦淚。

「妳每天在家，甚麼也不做，我是怕妳越來越『孤僻』……我沒有真要逼妳做甚麼……」海山轉頭看我，「她的記性真的不好，我想——人如果太沮喪、有太多挫折感，是不是也會這樣？她整天跟著我，說這說那，好多都是無中生有的事，我也煩了！我也希望她出去走走，買點家用的東西，這也會給她壓力嗎？我要聲明，我沒有怪她老是被辭職，我雖然不是很確定，但是我知道她現在有些困難……」

「甚麼『無中生有』的事？」我問。

海山不想講，說怕美蘭不好意思，我鼓勵美蘭自己說說看。

幻聽

美蘭也有些遲疑，還是說了：「我每次和他在不同的房間時，我就聽到他在和別的女人說話……」

「哪裡有呢？哪裡有呢？妳自己也知道沒有啊！」海山插進來。

「聽到？」我追問。

美蘭不好意思的笑了：「我也糊塗了……可是我真的聽見女人的聲音……難道有『鬼』？」美蘭瞪海山。

「聽到女人說甚麼嗎？」我追問。

「可能是『鬼』，屋裡就我們兩人。」海山很無奈。

「聽不清楚……好像是叫海山拿東西給她，還有嘻笑的聲音，海山好像也很高興……」她像仍然在當時，心在嫉妒著。

「有沒有聽到過別種『聲音』？」

「也有……我很怕……」她遲疑著，「是收音機裡……他們好像知道我心裡在想甚麼，有時候連電視機裡的人都知道我的心事，還會給我意見……

我好像無處可逃了。我們家就這麼小，我也不敢出門，我有一種感覺，好像路上的人統統知道我心裡的事，還能看見我洗澡、上廁所……太恐怖了，有的時候，我還聽見有聲音在罵我……我只有處處跟著海山……」

「那妳也不用在我上班時，打十五通電話給我！大家都說妳在『探班』，每個人都問我家裡怎麼啦？發生甚麼事啦？」海山很埋怨。

「當然也有『探班』的意思……你沒做錯事就不要怕！」美蘭依然瞪著海山。

海山看著美蘭：「妳還不清楚嗎？我已經快跟妳過不下去了，妳已經不知道妳在做甚麼了……」

「如果你要離婚，我不會求你留下……我也受不了你了，你老是用命令的口氣對我說話，像在對小孩子一樣，太不尊重我……」美蘭說，我意外她並沒有發火。

改變

「因為我很煩了……我弄不懂妳的行為、妳的想法，妳要求我要愛妳，可是我愛不進去了。我們現在根本無法聊天，妳不是沒在聽我講話，就是在誤解我，我上了一天班，回家沒飯吃，衣服也沒洗，還要付我不想付的帳單，妳都不管家裡的預算了，妳變了！——妳通常晚睡，我對妳說過八百遍要記得睡覺要關大門，避免意外，妳都忘了，還有其它的事，太多例子了，妳叫我怎麼不生氣，怎麼把妳當大人去信任呢？……」

「你瞧不起我，你的『聲音』裡就有這個意思，我就是知道。」美蘭說。

現在不是談離婚的時候。

「美蘭，我擔心妳的『病情』可能需要更認真的治療計畫。你們的夫妻關係受到妳的病情的變化影響很大，這時候談『分』或『離』，都不適當。」

「我有病？——甚麼病？」她的聲音很小，像是害怕，又像是等待。

「初步的看，可能是長久的情緒問題，影響了妳的思考功能。不過，我要求妳去做一個身體檢查，也去腦神經科檢查一下，因爲妳會『健忘』，又會『聽見』收音機、電視機在談妳的心事，這些都是不尋常的身體起了病變的情形。我會寫封信給妳的醫生，說明爲甚麼妳需要做些檢查，這樣醫生會有個方向多研究一下妳的狀況。心理治療和陳醫生的藥物治療也需要同時進行。」

美蘭沒有問任何問題，海山像是在思索甚麼，問他，他只說會全力配合治療。

我和陳醫生以及美蘭的家庭醫生很快的爲美蘭再做一次會診，認爲美蘭的精神問題應是晚發的「精神分裂症」，她今年三十七歲。腦神經科也找不到明顯的問題，這也是可預期的，不是所有的精神問題都能被檢查出來的，可是最好還是能檢查一下，釐清病況的複雜性。

這個診斷應該要給美蘭知道，同時海山也需要知道。

在另一次晤談裡，我問海山：

「你知道爲甚麼美蘭老是會忘記事情？」

「真不知道，因爲常常是前一分鐘才提醒她的事。」

「她的記憶力、體力都在退步中，這是有些『精神分裂症』患者的病症之一。有沒有聽過『精神分裂症』這個名稱？」我準備好要慢慢說明。

兩人都說聽過，不過那是甚麼東西？

「那是一種由於大腦病變而產生的病，到今天醫學界還不知道造成的原因到底是甚麼？只能從現象上看到是患者腦部的一些化學分泌不均衡，而這種不均衡會對患者造成思考失常、情緒不穩、行為反常。在治療上，『藥物』可以用來平衡一點那些化學分泌，對思考、情緒、行為上的失常有些控制。『心理治療』可以增加患者的活下去的力量，再配合上長期的『團隊復健』，更可以控制病情，維持住美蘭的各種生活功能不要退步太多太快。」

我開始清楚的說明美蘭的行為裡，那些是『幻覺』，那些是『幻聽』、『疑想』，海山明白的很快，也聽得很仔細。最後又給他們一份有關精神病的發現與治療的資料，請他們儘量細讀，然後再跟我討論。

「你知道為甚麼美蘭不能理解你的解釋？」我又問海山。

「不知道，她從不在乎『證據』，只強調她有『感覺』到，她就只信她的『感覺』，抓著『感覺』就小事變大事，任她扯不清了……」

「對美蘭來說，她的『感覺』是實在而且真實的。但在背後造成這種感覺的『思想』是出了問題的，這是因為她的腦部化學分泌失衡的關係。她的思考邏輯、思路歷程已經和我們不大一樣了，而她並不是時時知情的，但是她仍有著和我們差不多的情感需要。她是根據大腦編排的訊息或刺激所給她的『感覺』在說話、行動，她沒有正常的力量去自覺、去左右自己的想法。而外在環境的刺激、壓力、挫折、衝突，也會影響她的自尊、忍受能力，這些都得仔細觀察，不然都會更惡化她剩下的思考和獨立生活的功能。美蘭，她在心中已經盡力在維持她的『自尊』和『生活功能』了。……」

支持的力量

美蘭哭了，她說這個病對她而言，比癌症還可怕。像走在霧裡，雖然腳踩著地，但所有的感覺都像搭錯線了，而且不知道回首處在哪裡。

海山低著頭，握起了美蘭的手，美蘭無聲的哭著。他們在不同的世界裡悲哀著，相繫的手，要靠絕大的智慧與勇氣，才能不斷往前。我只能看著，不能期望甚麼，也不必絕望。

我很感謝美蘭的鎮靜，是否，在她的潛意識裡，她已預見了？這都是很微妙的心理，雖不可證，卻是正向可敬的。

「我的病——會好嗎？——工作呢？……」美蘭勇敢的問。

「目前，治好的機會還很小，可是由於妳是晚期發病的人，藉著治療去維持妳既有的生活功能，情況還樂觀，但是我沒有能力做太準的預測，因爲一半要靠治療，一半還要靠妳的努力。至於工作，至少這半年，我希望妳不要去工作，專心接受治療，學習認識新的自己，重新了解自己的優點、弱點，在治療和海山的支持下，重新找生活的目標。」

美蘭忽然轉頭看海山，直直的看，像落水的人。

「我不會離開妳，我會做妳的朋友，就像我在娶妳的時候所答應的。即使有一天我們必須離婚，我也會住在妳附近。我們結婚十二年了，妳是我最好的朋友，我不能說我現在不慌，但是我也沒想過要離開妳……這一切對我來說也很突然。……」海山的手仍握著美蘭。

「如果，你要離開——我也不會怪你……」美蘭像機器人般的說。

美蘭的治療是一輩子的事，至今這仍是許多輔導人員頭痛的事，多數這樣的夫妻都會走上離婚，或者分居，因爲患病的一半已不是當初的一半。美蘭仍需要愛，但她已逐漸失去愛人的能力了，她不再能懂海山的心事，不再能懂婚姻裡屬於她的角色與責任，簡單的說，她不再能「給」海山甚麼了。

海山明白的很快，人像落入了一種無人能觸摸的「孤單」裡。他有太多事情要重新思考，也需要時間去了解整個局面的現實和真實，然後找出一個他願承擔的選擇。我告訴他隨時可找我談，他明白這條思考的路他沒有能力單獨走。

美蘭先做出決定要參加「團隊復健」，我很尊敬她的勇敢。

她的思考、記憶、反應能力仍在降低，沒有人能知道會降至甚麼地步，這是發病初期的「跌落」現象。我們能做的是給她持續的鼓勵，要求這個社會一起來想辦法幫助她和其他的患者，因爲她們沒有做錯甚麼，這種病是人種裡先天的缺陷，你我的後代兒孫裡，都有可能得到這種病。

※　※　※

❖關於這個個案：

一、在年紀上如此晚發的精神分裂病例是比較少見，也更令人無奈，因爲兩人的整個未來都要重新安排。看得出來過去他們感情很好，美蘭還需要愛與照顧，但是海山也需要，在現實中，也許海山更需要被了解、被支持。他們沒有孩子，情況也單純些。故事中海山相當支持美蘭，這對美蘭是很重要的幫助，有時過一段時間，有的病患自己會要求離婚。

二、妄想症和精神分裂症病情會經過一段時間而有所變化，通常是由輕到重，再到穩定期，能完全治好、終生不再復發的例子很少。治療的目的是在使病情不要惡化得太快或者太嚴重，保持住個案能獨立自我照顧的能力，至於就業能力、社交能力和家庭角色責任的承擔，多半不樂觀。

三、治療過程中，家屬的參與很重要，因爲精神病固然有相當的生理或遺傳因素在內，但是精神病患帶給一個家庭的心理刺激、生活習慣、挫折感等等，在在都會對家屬有所影響，特別是對孩子，最容易被傷害被扭曲，有許多彌補的工作要做。

五、團隊復健

❖目標

組長今早交給我這個月的「團隊復健」課表，其實，課表每個月是大同小異，偶爾，會因為一些假日、特別節日、上課老師的時間變動而異。病患需要一致性、穩定性較強、目標清楚、實際有用的課程結構。病患成員有越南人、香港人、臺灣人、日本人、韓國人、緬甸人、美裔非洲人、巴西人、白人。

復健課程的期望目標主要有：

一、認識精神疾病的本質、癥狀；

二、學習對病癥的察覺與控制；

三、自我表達與溝通技巧訓練；

四、生活預算與日常購物的計劃；
五、學習使用公共交通工具，認識社區活動資源；
六、衛生習慣的學習與衛生習慣的建立；
七、休閒活動的學習與休閒活動的能力培養；
八、社交、合作能力的學習與訓練；
九、工作能力的培養與訓練；

復健課程的內容，都是依這些目標而設計。每週四天，每天六小時，費用是來自病患的社會健康保險以及捐款。每天，有三、四位老師來負責不同的課程與訓練活動。經常，病患的家屬，比病患更感激有這樣的復健課程。這個課程，不但幫助病患進步，也讓家屬學到適應病患行爲的知識與技巧。此外，更讓家屬能有個好地方安置病人，沒有罪惡感，同時，家屬仍能做自己想做的、該做的，繼續對自己的生命、對這個社會，有所生產與貢獻。

病患，不管是哪一國的人，都各有他獨特有趣的人格特質的。人緣較好的，多是男性，不記仇、有義氣、樂於助人的。

❖靜坐與自覺

算來，在復健組裡，我負責「自覺與放鬆技巧的訓練」課程，有三年了。

通常輪到我的課之前，我習慣先把自己安靜下來，靜思如何開場。我要先能放鬆、清明、穩定，才能有令學員有興趣去學「自覺」的力量。

所有的學員都是精神病患，跟他們在一起，雖然我的聲音放小了，行動放慢了，態度鬆弛了，但是，對他們在課堂裡的任何反應，都份外的警覺。這倒不是在防衛甚麼，而是他們的心神容易渙散，飄乎乎的就離開現實，落入另一個「幻境」裡。他們需要我的警覺、提醒，去幫忙守住他們「專心」的力量，不然就無從「自覺」起。

專心，對他們來說是很困難的事。一方面，專心需要心有處可專，也就是要有個「意義」、某種「活動」、某個「目的」令他們想專心。而由於大腦神經的病變，他們有困難去理解、去堅持任何有意義的活動和目的。再加上，精神病患和你我一樣，也有「自尊」和「好逸惡勞」的性子，與他們相處，更易動輒得咎，情緒一上來，就甚麼也不學了，比不聽話的孩子更難纏。

另一方面，落入「幻境」裡，總是容易而且簡單，其間也有自我陶醉。當然，在幻聽、幻覺的內容，嚴重威脅到病患的身體的「安全感」或心裡的「自尊心」時，他們有的會選擇求助，有的反而更排斥幫助，久之，就情緒崩潰了。所有的心理治療師，多少都要懂怎麼去討好病人，好在「危急」時能救病人一把，在危急時，病人自己是不大知道好歹的。

自覺，是要病患學習自覺到自己的行爲、情緒的變化，進一步掌握住自己將失控前的先兆行爲和情緒。病患的病情是「時好時壞」的，所謂成功的治療，是能將「壞」的時間縮短、次數減少、嚴重性減低。要做到這些，一定要病人自己能預知自己將要發病前的幾種先兆。再進一步，就是能在日常生活裡，將學到的「抗分裂」的技巧，用在「幻聽」、「幻覺」、「幻想」出現的時候。

「抗分裂」的技巧，指當病人聽見有「聲音」告訴他去「做」、「思慮」、「害怕」或「攻擊」某件沒有事實基礎的事時，病患能記得告訴自己那是「幻境」，能與之共存而不被影響過多。這些聲音，有些病患能自覺到是出自自己的腦中，有些病患則會認爲是來自「外面」的人、單位、物件，如收音機、電視機、外太空、總統府，甚至「諸葛亮」、「楊貴妃」、「阿扁」等等。

最理想的復健結果，就是病患能粗具前列的九項目標。

我的課程設計，是以「靜坐」爲主，配以多種小範圍的活動，教導學員放鬆，觀察自己，敢眼對眼的看人、交談、談自己，並且接收回饋。

很記得第一堂課，甚麼也沒多說，直接導引他們靜坐。學員一共二十一位，我的開場白是：

「這是一堂學習放鬆的課，談心的課。我們在一起，會做很多的活動，我需要你們合作的地方，是告訴我們大家你的參與心得。」

然後，我請每個人閉上眼睛，輕鬆的坐在椅子上，背坐直，不能靠在椅背上。

等我說完了如何從頭到腳的放鬆指導語後，不過十分鐘，很有意思，有的人已睡著了，有的人臉皺成一團，還有的人抖動起來了。他們大部份都有習慣性的不安，會不斷的睜眼看看，再閉上，有的甚至不閉了，說是眼睛它們不想閉。

終了，只有三、四人能持續閉著眼，保持著我要求的坐像。那三、四人正是獨立生活功能較好，還在上學，或是在做半工職業的。

病患的生活精神，多半是渙散，能少用心用力就少用心用力。這固然是由於受到病情影響，也因爲周圍的人，特別是家人，疲於重複教導他們，以爲教他們爲自己做點事，不如幫他們做了就算了。所以，病患和家屬都很需要專家的幫助，學習用甚麼方法、心態、目標去有效的幫助病人，幫他們盡量學習過獨立的生活。

要病患安靜的、持續的、用耳用心去跟從一個指導語，是很大的考驗。而在耐心的分段重複練習後，大部分都能坐直、閉著眼睛、深呼吸。同樣的，他們需要很多稱讚。

這個簡單的靜坐鬆弛經驗，讓他們重複體會「專意」的輕鬆和「安穩」

的平靜感覺。靜坐中雖然有人睡著了，這未嘗不好，因爲他們很少有機會在這種安定、友善、平靜的氣氛下睡去。靜坐對治療失眠極有用，道理在此。常常失眠的人，精神狀態多半也是緊張疲弱的，思緒也會常飄在「實際」與「過慮」之間，兩邊不著，心是懸著的。

這種訓練，每星期一次，每次一小時。

最初三個月，有少數學員說，靜坐後，人更沮喪、易受驚，有的學員說靜坐令他們更煩躁。我聆聽他們的擔心和抱怨，確定沒有顯見的生理上的不適，三個月後，全部人都能參與靜坐，不再有不能克服的爲難處。偶爾，縱然有學員要求不想練習，但卻願意留在教室裡旁觀，理由也多半合情。

一小時的課裡，前三十分鐘是靜坐鬆弛，後三十分鐘是坐「舒心活動」，或者是進行像「會心團體」式的對話。

❖舒心活動

「舒心活動」是融合了「催眠」、「太極」練氣技巧、「基本體操」以及一般輔導「團體活動」，促使學員在透過呼吸的練習，逐漸認識自己的身體和心理的關係。同時，學會察覺「壓力」是如何影響身體部位的緊張，教他們用身體的運動，配合上發聲韻律練習，去發洩情緒。由於活動生動，增加了他們的肢體的溝通與控制能力，多半，每堂課都歡喜收場。

也有學員彼此吵了架，在活動中不願合作的時候，這時也不能太勉強，只有分開他們。有時男學員會對我委婉示「愛」，送花、送卡片，或者告訴我他常常夢見我，或者說他接到「神意」，好像在說——我將屬於他……通常我就明白說：「我已經結婚了，先生還不錯，目前還不考慮換。」從來也沒有問題。

至於他們彼此間談戀愛，原則上是不鼓勵，也絕不能不小心成爲中間人，這是專業倫理，避免混亂治療關係。

這裡談幾個活動的例子——

練習「太極站樁」中的「浮沉手」、「開合手」時，我會配上一些專門爲練習「靜坐」所設計的音樂，這些音樂帶子很容易在唱片行找到。

這個活動，在幫助病患感受到雙腿的力量和體力是可以鍛鍊的，加上養成同步注意深呼吸的習慣，則不但可以增加耐力，也可以增加對壓力的承擔和察覺。

病患通常對壓力在身上造成的壓迫、不適，極不容易察覺，更不懂排解。等察覺到時，多已太晚，人已瀕臨崩潰邊緣。

要把精神病患從「幻境」中拉回來，必須要讓他能感受甚麼是「真實」。感受真實，就要從感受自己身體的特色、變化開始，加強練習對自己身體的了解和照顧，就有基礎學習分辨「真實」與「幻境」，分辨何者對自己有可感觸、可自主的好處？就有能力認識學習「抗分裂」的技巧的必要性。

「雙合掌」活動，是讓兩人手掌對手掌，不碰觸，彼此輪流以掌帶掌，上下左右前後的移動著，由慢而加快。雙方必須有耐心、專心、揣摩、合作，能感受到動作中控制分寸的趣味。但病情較重的人，對這個活動沒興趣，因爲他們想與人互動的「需要」與「動機」都非常弱。

「六字訣」的練氣發聲法，全部病患都喜歡。在教他們練習用身體不同的部位去發聲，再配以各種動身、動手、動腿韻律時，常見他們玩的像孩子一樣。過程中，團體發聲的趣味，簡單原始的動身韻動，激起了彼此生命力的活潑、善意，忽然間，他們能問清楚的問題，不怕同伴的笑話，動作有力、有方向，人變的柔軟、靈敏。

各種活動的目的，都是在加強病患對自己身體的了解、控制、使用的能力。由於大部分病患都有彎腰駝背的習慣，呼吸短促、眼神昏沉、意念混淆、同時反應遲滯，活動中的動作，都是需要「大呼吸」的配合，以提振他們的精神、士氣。還有很多動作，也需要大幅度的使用自己的身體四肢，而且是在「慢速度」下進行，因為在慢速度下，才能更感覺到對身體部位的使用，更費力，卻不易受傷。

總共為了這個課，至少設計了十五個性質獨立的活動，不管做完了甚麼活動，結束前，仍會要求大家再靜坐五分鐘。這五分鐘，是希望他們能回到平靜的感覺，慢慢學到「回到平靜」的習慣。

❖會心談話

會心的對話，雖然比較費力，但是卻感人。通常在靜坐後，他們的思考邏輯、專意能力較好，比較有意願去察覺「幻象」與「真實」間的差別，也比較會談心中的感受，並且能對別人的說話做切題的反應。尤其，當我在規範他們的異常行爲時，他們也不容易生氣或反抗，總而言之，態度上比較有正常人的分寸了。

通常，我會選個主題請他們說說自己的感想；或者畫個坐在旁邊學員的像，並做說明；或者畫出、寫出當下的感覺、一週來最大的擔心、一個月來最引以爲榮的事、最進步的行爲……

有一次，我們正在練習如何對人用語言去表達支持和同情，正巧，一位剛剛喪妻不久的男同事走進來，有位女病患，立刻就對著他大聲脫口而出：「嗨！我知道你的太太剛剛死了，我很難過，但是我希望你知道，千萬別太難過，一定要好好照顧自己……再娶一個！」

我的同事雖然一愣，但是仍然說著「謝謝」，把一疊文件遞給了我，就走了出去。當時，全部學員都靜悄悄的。我看著那位女學員，正想開口，她卻搶著說：「我知道、我知道，我一說完就知道我說錯了……」她很聰明，卻很衝動，而且最不喜歡被指正甚麼。

我仍然在心裡笑了出來，她雖然唐突，說的卻是實話，而爲了莊重一份死別的「痛」與「不捨」，說話就要注意，把重點的急重輕緩要分清楚，而精神分裂症患者就是分不清楚這些，但是其間也有它獨特的真情。

另一回，讓病患輪流談談彼此的「弱點」和「優點」，大部分病患仍會忌諱談弱點，比較能談優點，他們的心也是希望被喜歡。所說的優點有：對動物很好、很會做飯、很會運動、很有人緣、心很軟、能自我照顧、不會發脾氣、好學、樂於助人、會開車、有藝術細胞、好媽媽……等等。至於弱點，則很具體、單純，例如：抽太多煙、常生病、愛罵人、老坐不住、太多疑、太愛睡、吃太多、太安靜、話太多、愛抱怨、不獨立、很懶……等等。從這裡面可以看見，他們知道人際互動間有某種被遵從的「規則」與「常模行爲」，也認同這些，而這也是他們能接受團隊復健，團隊復健也能幫助他們的基礎。

「自我畫像」也是很有趣的活動。在靜坐前請大家畫的像，筆畫簡單，表情空洞，眼睛的神色是緊張、等待、張望、惶恐，有的把眼睛畫的若有若無。至於身體的部分，有的完全沒有畫出來，畫出來的，也與年齡的成熟度不一致，而且姿態僵硬、退縮。

靜坐後，每個人的畫變得活潑柔軟的多，能用鉛筆表現出較多黑白層次，比例也更接近真實，畫裡的感情也注入了幽默、理想和主動。更有趣的是，有的病患不用具體人像表達自我，而用自然景物去畫出自己，並且能說明希望自己像花，好讓人有愉悅的感覺。或者是像晴朗的天氣，不再受精神病的困擾。

有一位病患的畫讓我記憶深刻，她在紙上畫了一團亂、大小不一、重重疊疊的圓，並且試著用線拉出一個個圓，然後註明這個圓是「幻聽」、那個圓是「疑想」、左邊這個是「自卑」、右邊那個是「醜陋」、上面的是「憤怒」、下面的是「寂寞」，其它還有「被遺忘」、「沒有用」、「需要愛」、「需要朋友」……。剛開始，我看她很專心的看著她自己畫的東西，便請她也給我看看。我拿過來一看，也落入一種思索中……

這時，我聽見她說：「我現在才知道，有那麼多『東西』讓我不快樂，那麼我相信——不管怎樣——人家一定也會從我的行爲、情緒看的出來，難怪人家會說我是瘋子了……」

她不是在跟我要甚麼同情，她只是在分享她的洞見。她環視同伴，笑了出來，又說：「這裡是唯一能幫我們減少那些『東西』的地方了！……」

她的話幫助我更注意，在跟人相處時，是把人的情感、生活目標弄得更清楚、更勇敢？還是更糊塗、更沮喪？

❖後記

精神分裂症患者，病情有時好，有時卻壞了，也就是症狀突然嚴重起來，又發病了。這時候病人的生活技能、功能，也出現崩潰。目前，在治療的方法與效果的評估上，如果病患能按時服藥、參與團隊復健，再加上家屬也能配合學習與病患相處的正確方法，病患的發病率會降到百分之八以下。而完全不接受治療的病患，再發病率有百分之七十的可能，病人的生活技能、功能，會加速退步。只服藥的病患，也會有高達百分之三十的可能。

團隊復健可以減低精神分裂症狀的嚴重性，同時預防再發病，這些就要靠教會病人按時服藥，降低生活壓力，學習自覺症狀變化，以及在危機時（情緒不穩、思緒陷入混亂、臆想傷人或自傷）對病患做緊急幫助、安撫。

團隊復健還可以幫助病人改善生活品質。病人生活的好不好，會直接影響到家屬的生活好不好，久之，當然會影響到這個社會的生活品質、社會問題。團隊復健提供病患各種課程、團體活動和得到社會支持的機會。例如：帶病患去公園游泳、打球、烤肉，練習運動、休閒的習慣。帶病患去百貨公司、市場、雜貨店，學習買東西、算價錢、照預算過日子。陪病患買車票、學看地圖、搭巴士，然後能學會自己去利用圖書館、郵局、銀行，以及其它社區公共設施所在地。復健課本身以每半年爲一期，這也提供了病患一個穩定、有持續目標的環境，在團隊互助中，建立起自信與對生活的熱情。

復健課裡另一個重頭戲就是練習溝通、合作，培養持續的責任感，發展就業的興趣與能力。很多病患，尙有充份的就業技能，但是病不穩定。鼓勵病患就業，對他們的自信心很好，卻要有長遠計劃。病患的生產力不單對社會有貢獻，更說明社會重視人權與人的尊嚴。

好的治療計劃，一定包括有經驗的、能給病患個別的尊重與了解的心理治療師和精神科醫師，要能明白精神分裂病患的內心交戰，與病患建立有效的專業關係，對家屬和社區主動進行與精神病患有關的教育和說明，密切注意藥物對病患的身體，和病患對壓力承受能力的變化。

治療的效果好壞會因幾種狀況而異：病變本身的嚴重性，是否用對了藥物，病患本身接受病情的勇氣和克服病情的決心，專業治療人員的品質，以及家屬的支持和參與治療。

六、關於情緒困擾——專業心理顧問・輔導・治療

有一次，一個朋友來談一個經驗，經驗的內容很有趣，述之如下：

我的鼻子由於過敏，一向不好，常常一早噴嚏連天，打得心肺交疲，頭昏眼花，還腦脹。決定試試偏方，用很熱的毛巾蓋臉敷鼻，用熱氣去物理治療。

有一天，我就用嘩嘩熱水沖著毛巾，拎著毛巾的手指，很忙，又要避著點熱水，然後再扭乾了毛巾，立刻蓋上臉，用雙手壓著毛巾，同時緩緩吸進濕熱的水氣，好讓熱力走進鼻子、腦門、透進鼻側。這樣每天一回，每回熱敷個五六七八次。

❖刺激

做完第一次後，發現臉部在溫熱澎鬆的舒服中，竟有著絲絲憂傷的感覺出現，並沒多想甚麼。接著做了第二次，由於鼻子受到持續的強熱刺激，眼淚鼻涕直流，頭部也昏沉起來，扭毛巾的手，也感到燙熱的壓力，甚至疼痛起來。忽然，淚流的更多，擤鼻子時，也感到沉沉的悲傷，動作中的雙手，像在承載著許多生活中的「壓抑」和「辛苦」。正看著、奇怪著這樣的情緒，人卻又覺得鬆沉起來。剎那間我想，就隨著悲傷去吧，反正沒有人在看我，就算看見，也不知道我是在幹嘛？

❖神經質反應

決定隨著悲傷而去時，悲傷出現的更多、更濃了，我開始放心哭著，時而擤擤鼻涕，時而慢慢吸著熱氣，一點也不急。淚，如流水不斷，我把雙手放慢下來，要看看這燙水在給我的手甚麼壓力？雙手揉搓著毛巾，爲了浸透浸勻毛巾，時而躲閃，時而要找到可以忍受的點，再勉力扭乾毛巾，手皮都快有被燙破的「錯覺」了。而身心上爲了忍受水溫的壓力而做的承擔，竟然令我的太陽穴抽緊，雙眼瞇起，呼吸短促，一股莫名悲傷也被勾了起來。當時，心中還翻湧出了一個被打擊、被傷害、無助也無望的我的心像。眼淚和鼻涕更與前塵往事，留在心深處的悲情相應，並說不出是那一件事，只彷彿看見自己的心曾這樣哭過，或曾經深深的想這樣的哭一次？甚至，哭也不是重點，而是那種已被遺忘，不知何時何因，被深種的某種，甚至多重的自哀自傷的「情緒」，因著這個熱療鼻子的經驗，竟溜了出來？

這溜出來的悲傷又是要告訴我甚麼呢？

❖還原

我繼續悲傷著……人卻慢慢清醒了，淚自己停了，鼻子並沒輕鬆多少，人卻有種比較安定的感覺。此時，扭毛巾的手和我的悲傷分開了，但是那股悲傷依然清晰地留在心上，人有點沉滯。

晾好毛巾，人更清醒了，但知道還有一絲「傷味」在心上縈繞，雖然是一絲絲，但卻清楚得像紙割的小痕。依舊想不起是甚麼事，不過，哭的滿舒服。也許隨著時間，也許，就在下一次熱敷鼻子的時候，我會更多明白一些？

我和朋友就著這個例子談了下去。

成長，是一連串的「喜悅」，也會是一連串的「痛苦」和「顚倒」，這都是因爲人的智慧不足，心願未滿，常在饑渴中迷失，許多事不知如何做才好。在滾滾紅塵裡，所有經過的情緒，對許多人而言，無論是喜或悲，深留下的多是「傷」和「怨」，或許多是「眷戀」。儘管歲月流失，事件已記憶不清，但那股「傷」、「怨」和「眷戀」從未停止傾訴，時時在找一個機會要表達。

因爲不表達不行，不解決的情緒，會累積在身體裡，會發酵變化，會扭曲人的生命力和創造力，會剝奪一個人「愛」和「原諒」的能力。

市間流行歌曲能暢銷，其來有自，是有許多人想聽、許多人想訴、許多人想哭、許多人想再問天一遍……

「輪迴」，就是再去「感受」一遍。有的人，愈「受」卻愈「陷」，可能是因爲尚未能放下，也可能是因爲沒有人能適時拉他一把，只好再「糊塗」一遍，也是輪迴。

有的人，看見了自己在輪迴，會找人談談如何是好，這是需要「勇氣」和一點「靈氣」。

找人談時，若能直接從新的「觀念」、「技巧」的獲得上，立即得到開心改善，這是較簡單、又省時省力的狀況，在精神健康專業上我們將之稱爲心理「顧問」。例如我這位朋友，若能明白那份悲傷是該出來的，懂得選擇適當的機會流露出來，而且在需要節制時就能節制住，那他就大可不必擔心。不過，仍然可以試著對那種「悲傷」看進去，如果他想讓自己的心更自由。因爲，一個來去不清楚的「情緒」，就是一個「枷鎖」在身，只是一般人都不太在乎，馬馬虎虎，不太自覺就是了。

如果狀況比較複雜，例如，若我的朋友常常在暗夜流淚、不安、睡不好，白天也常有克制不住想哭的衝動、心情沮喪，不過，還能約略明白是有難解的事情在心中糾結，只是對之剪不斷理更亂時，這就需要心理「輔導」一下。因爲他的處理問題的能力、調節情緒的能力，都出了困難，這反應出來他過去的學習有不夠之處，也有些舊習慣需要調整，心理「輔導」就是要改善這些牽涉到個人性格內涵的部分，是需要給予較多時間、安靜、協助，去學新的習慣，和練習做清楚的、有焦點的深度思考，才能給他的生命注入新的有效解決問題的力量。

如果我的朋友常常觸景傷情，易激動而不自覺，熱敷鼻子時會流淚傷心，不意間碰痛了手也哭，聽到一句不順耳的話又哭了，弄得影響了工作的、社交的、家庭的人際關係和諧，使得身體也弱了，對生活也不想經營甚麼夢想了，後來甚至不想活下去了，這時就需要心裡「治療」了。這時的治療是要先加強生活習慣和責任感的重建，有時須要服藥以安靜習於歇斯底里的神經衝動，因爲這個問題的背後藏著一些較深的傷痛，或者是體質上起了想不到的病變了，並且時積已久。

通常，任何一個個案來尋求幫助時，都有可能在不同的節骨眼上用到「顧問」、「輔導」，和「治療」這三個不同層次的專業心理協助。下面一個故事——含憂草——就是如此。

七、含憂草

她飄洋過海，嫁到異地，正在唸企業管理博士班，同時在一家律師事務所做法律助理。

※　※　※

❖開　始

一個晚冬的下午，我接到她的電話，聲音有些怯怯的，急促的說著她的煩惱，也有意思想知道我有沒有處理這類問題的經驗。

我猜她曾試過別人。

「我有經驗，但是妳放心，如果我幫不上忙，我會告訴妳爲甚麼，一次誠懇的談話就有一次的收穫。」她對我的收費沒有問題，也定下了見面的時間。

❖夢裡的焦慮

二月十日，她依時出現在晤談室。

她的穿著簡單樸素，臉色有些白，有一雙大眼睛。她的動作有點過度客氣小心，笑容出來的快，也收的快。

坐下後，她把身子挨緊了沙發的一端，確定了一個舒服的坐法，又仔細妥貼的把大衣蓋住肚子以下，像塞棉被似的把大衣邊緣壓進身子和沙發間，再檢試一遍後，像安了心些。

「覺得冷？」我說。

「沒有，不會。」她自看自了一眼，「我喜歡這樣，——覺得比較舒服，像蓋著被子，——感覺上安全些。」

她開始咬起指甲來，然後又像察覺到甚麼，忙把手放下，樣子像七歲大。

「我一緊張就這樣。我——我不知道從甚麼地方說起——我在電話上告訴過妳一些，我說過——我的夢很困擾我，都——快讓我怕睡覺——我老是夢見做愛被人看，夢到大便，到處是——記不記得？我在電話上提到一些？夢到我周圍，還有我的房子——又髒又亂！我在夢裡還常常迷路——明明記得我自己是從那裡來，要去那裡，可是一轉頭就全沒有方向了，景物都變了，嚇死我，怎麼用力回想都不能！醒來以後更可怕——，全身感到麻痺無力，昏沉沮喪到極點，沒有原因，也不過是一個惡夢，卻讓我當時想死了算了——我自己也知道有點莫名其妙，但是那個感覺重得壓死我。我還會做一件很糟糕的事，我會一直要去回想每一個記得的夢——想每一個細節，直到把夢裡的感覺都叫回來，把自己又嚇一遍——我是不是想要去解開夢裡那個結？」

「也許是，——人會從重複的『回想』中去找答案……好釋放自己。」

「我一個人在家時更害怕，我都開始討厭自己，懷疑自己，脾氣弄的很壞，我自己也知道。我還要告訴妳——我想——我的夫妻關係也受到我的影響……」

她很焦急，這一串話傾囊而出，讓她更緊張，不過說出來才好。

「有沒有水？我很容易渴，我一緊張就這樣。」

我倒了杯水給她。

「我每天需要喝好多水，晚上要起來上好幾次廁所……」她捧住杯子，邊喝邊靦腆的說著對不起。

「沒事，慢慢來。」我放慢了聲調，眼前有一段路。

我常記得提醒自己把說話、動作、呼吸放慢，這是清神的第一步。這樣做一方面可以減少個案的焦慮，一方面較容易生出心理空間，有助於溝通。

她嚥下一口水，吐一口氣，真心的說：「我就是想要慢，但是常常忘記，不知道在緊張甚麼。等我快得快要崩潰時，卻不能慢下來了，我整個腦子也空了，甚麼也想不起來！」

這是不是夢裡常常迷路，一回頭竟失去方向的驚恐失控的「感覺」？夢裡的「感覺」常是直接反應在現實世界的調適出了「問題」。

「我很害怕有一天我會忘了關瓦斯、電爐甚麼的，那種結果不堪想像……不過還沒有發生過就是了。可是有些事是不能發生的，我來這裡就是爲了這個擔心，喔——這只是其中之一個擔心——我怕我會到那一步，我還有其它的事——我沒有把妳弄糊塗？」她看著我。

「沒有。」

「當然，這只是其中之一，我真正怕的是我不知道自己在做甚麼，等到結果發生時，不是我有能力有機會能補救的。」

她的臉隱在無助的憂鬱裡，我感到她的聰明在被她的「焦慮」蠶食著。她怕失控，是怕失去對環境壓力的抵抗能力，還是怕失去對自己的情緒的控制？也許都有。是甚麼「傷害」讓她的心理自衛系統亮出紅燈？

她告訴我她在唸博士班，先生職業安定，經濟小康。她的先生鼓勵她找尋專業的心理協助，但是卻不願和她同來。這種情形很常見，也是婚姻亮出「黃燈」的現象。

「我很自卑，可能跟我小時候有關。我媽媽常常嘲笑我沒有我大姊聰明，沒有我大妹漂亮！我的書也唸得不如我大妹……」

她看著我，情緒忽然激動些——「可是她爲甚麼總是會把一些責任交給我？總是要我去看好妹妹們、洗衣服、做家事！一有事，她就只會叫我？」

她拍了一下沙發，「妳知道嗎？我甚至有個疑問，爲甚麼她連去旅社捉我爸爸都要帶我去？她要我陪她去賭場捉我爸時，說是我可以壯她的膽，去捉姦我一個小女孩子去幹嘛？結果弄得我們小鎮人人皆知，因爲一路上大人吵，警察罵，一堆人在看笑話！我只記得羞得想死掉！雖然我現在忘了那時的感受，可是我還沒有辦法原諒我媽媽！我也還記得那女的沒穿好衣服也沒處躲的——樣子……」我認真的聽，接下她的情緒。

我想著：那時被羞辱的「感受」會不會已形成刻骨的「烙痕」，現今這「烙痕」衝過重重意識關卡，透過波濤洶湧、充滿威脅與焦慮的「夢」在告訴她需要找尋解脫了？

這「烙痕」可能來自一個「劇創」，也可能是許多個，累積多時了。

「也許妳能給妳母親某些力量——雖然當時妳年紀小，可能——妳是那時刻她身邊苦海裡唯一的一塊浮木——」我嘗試的說，「聽起來她的日子很難過，妳可能不是唯一被傷害的……」

「我們家是一個不幸……」她抬起眼，「我不能再假裝！因爲我有太多問號，我要解決，不然我覺得快掉進一個黑洞，永遠都不能見天日一樣！」

她很願意談，可能是痛夠了。

因爲她立即的苦是來自夢的干擾，我就幫助她從今晚開始學做夢的記錄。她很願意，方法聽的很仔細。

我也很高興，肯記夢、肯談，好的開始。

❖心理治療的準備

「我有沒有病？」她終於問。

「甚麼病？」

「就是心理病，妳知道，就是不正常——，人家說的「神經病」？」

「沒有，沒有。妳只是需要時間，想清楚一些衝突和疑問，學一些新的角度去看發生過的事。」我看著她：「但是妳不要一個人在家獨思，因爲妳的想法和情緒容易混亂在一起，會讓妳更迷失。妳要把問題拿到這裡來談。記住，任何煩妳的念頭和問題，把它們收集好，最好寫下來，留到這裡談。」我要她開始學習心理聚焦，具體化、明朗化煩惱。

任何問題能擺在太陽下都好解決，她一直在晦暗中摸索，她需要的是一份「安全」和「引導」，把心事對陽光展開，等原屬於她生命裡的「統整力量」伸出頭來時，自己就會爲自己找到一個新的方向。

她有多個兄弟姊妹。她和她父母親的關係有問題，手足間可能也不單純，我相信如她所言，她的夫妻關係也有地雷存在。

目前對她我沒有特定的行爲輔導目標，她自己也說不清要處理那些問題，因爲焦慮而覺得處處是問題，因爲看不清問題，快失去自己，而飄落在憂鬱裡。我給她信心，讓她明白她的焦慮、憂鬱現象是在呼喚她再成長、再學習——透過對過去發生在她身上的事的重新認識。至於真正的「問題」，會慢慢出現在談話中的。

❖夢裡人生

二月十七日再見面時，我先讀了她的夢的記錄：

二月十日

夢見：我有五個初生的孩子，但比一般正常嬰兒要小——有點像仍在腹中的胎兒，透明的皮膚。五個中，一個較大，好像可以存活——其餘四個——我很怕他們夭折。我不斷的問母親他們還活著嗎？會活下去嗎？孩子由母親照顧著，我努力要餵他們黃蓮水，希望他們活下來。

註：我們家習俗，小孩出生時要喝黃蓮水。

她是那個好像可以存活的嬰兒？嬰兒有許多可以再成長的空間，因而可能有許多衝突、錯誤、情緒會發生？還是已經發生了，而她正想挽回甚麼、矯正甚麼？

她在害怕母親不懂怎麼帶孩子？還是長久一直想糾正母親的角色行爲？

二月十一日

與大妹到一個山坡，岔路很多，土質鬆軟，但路邊長滿了野花，很美。

我聯想到性的事……圖像不清，有興奮也有厭惡。

二月十二日．

祖父、父親、丈夫，經常在夢中交替——祖父變成丈夫——丈夫變成父親或祖父，變來變去……我很想吐。

※　※　※

我和先生要上床，總是有家人圍觀，特別是我母親和姊妹——很沒安全感。很氣，很無力……

是很沒安全感，無法自我保護。家中的男人對女人有著怎樣的權威？爲甚麼對性的羞恥感，甚至逃避，遠壓過本能的欣喜？

二月十三日

祖父罵父親是吃屎的，肚子裡裝屎的，我很不舒服——產生聯想：有人真的叫人吃屎？厭惡感覺久久不退……

※　※　※

我總找不到一間乾淨的廁所——學校的、家裡的、公共的，有時放棄使用，有時強忍使用，非常痛苦。很怕馬桶不通，大便反沖上來。煩煩煩。

※　※　※

覺得身處很髒的地方，到處有大便、蒼蠅……發現自己的嘴很不舒服，吐出來居然是一塊大便，噁心不已！

註：或許與我的童年生活有關，我們鄉下的廁所很不乾淨，因為可以當肥料，所以都積存起來。小時候很怕掉到糞坑下去，所以「辛德勒名單」中，最震憾我的一幕是那個躲到糞坑的小孩。

又髒又多的大便是在傳達甚麼樣的威脅和焦慮？是對自己的生活已厭極而不能承擔？內心又藏著甚麼樣的自卑？

※　※　※

我以前夢過：

經常和母親吵架，吵的聲嘶力竭……

很想打，或是罵弟弟……可是都沒力氣。

我先生是一個無頭的鬼，在我娘家慢慢走來走去……嚇醒了！
大姊經常要侵犯我，掐死我，我，無力抵抗。

※　※　※

如她所言，家庭人際關係問題複雜，充滿緊張，影響到她對現在婚姻關係的信任。

二月十四日

回老家，夜市有很多好吃的東西，都沒吃成。人群擁擠……

二月十五日

夢到在空中飛翔……可以看到下面美麗的景觀。每回飛到一半，總碰到有一個天網，或是天花板、瓦片，飛不出去，經常摔下來。

註：我經常做這種夢，常嚇醒。

生命力被限制住，無法享受生活，自由選擇，也可能是來自過度自制、恐懼、自我逃避。

二月十六日

我穿的不多，尤其是上身。有一個陌生中年男人由側門進入我的房間，想非禮我，我要殺他，又回頭叫弟弟過來幫忙揍他，沒有結果……我沒受到傷害，也不很害怕。

※　※　※

有人要出嫁，好多禮物……可是中間有一大盒重要的，被人拿走，媽很不高興……她開始對我出氣。

※　※　※

我開了一家餐廳，生意興隆……後來有人來破壞，我穿著浴袍逃走，邊走邊傷心的哭：「你們都沒有人相信我！」﹝一團混亂，牛頭不對馬嘴的傷透心﹞我用從歹徒手上奪來的武器，殺了好幾個破壞者，恨意難消。

心上很多被壓抑的「傷」和「攻擊性」。

※　　※　　※

我知道很多人多多少少有和她類似的夢，但是其中情緒沒有這麼激烈、慌張、集中。每個夢都傳達出她想突破，想克服甚麼的努力與迷失。

我們對夢的討論，主要依她對某個夢的某個部分的問題、好奇，和自由聯想而談，重點都註在該夢之後。後來，我告訴她，性的壓抑、家庭問題、人際關係、缺乏自我保護的技巧、自我發展的徬徨與挫折，構成她夢裡的嗚咽、焦慮、憤怒，這是我所看見的。

儘管如此，路仍然長。

她今天沒有蓋上她的大衣，倒是談了二十分鐘後，她說想上廁所。我告訴她慢慢來，並且加上一句我會在這兒等她。這樣說是讓她清楚知道有人願意了解她，爲她守住一個內心「空間」，讓她能把這個特別的空間用來處理內心的問題，出了這個空間，她就會更有自主的力量。

從洗手間回來後，她臉上有著孩子氣的輕快笑容，今天她要開始慢慢的告訴我關於她家的故事了。

❖亂倫之一：兒童虐待

當她坐下想著從何開始談時，臉色又迷惘起來：

「告訴妳——我有一件事，悶在心裡快兩年，我不知道怎麼辦……，我很苦惱，更有恨的感覺，可是我又知道不能恨！」

她的臉上掠過一層悲傷，然後又皺皺眉，像要甩掉那層悲傷，「我的心情很複雜，現在——甚至影響我和我先生的做愛……」

她忽然要水喝，水已經準備好了。

「大概——，」她回想，「是在兩年前——有一天——我收到我妹妹寄來的信，我跟這個妹妹最親，可以談很多話。她在信上告訴我，說——我小哥——在高中時強暴過她——她曾經痛苦過很久，不過她說她現在已經原諒他了！」

她扶住額頭，「我那時看到這信都呆住了……，我反覆的看了好幾遍，不能相信！」她大喘了一口氣。

「我對我先生說我妹妹是不是有問題？因爲我們家——是很奇怪的家，我自己知道我們的父母是怎麼樣養我們的，我們家的氣氛永遠是暴力，威脅……，你不要去想甚麼『自我』、『尊重』這些東西！——有很多事我還沒跟妳說到，我搬離家遠遠的是在逃！而我這個妹妹最常和我聯絡。」

她睜了睜眼睛，想看清楚甚麼——

「我後來把信收在一個隱密的地方——我想把它藏起來。可是自從我看了那封信，我做甚麼都會想到它。我連電話都不敢打給我妹妹。我覺得好噁心，好混亂一團！」她看著地毯，「一直過了幾個月以後，我慢慢回想到——的確——有一段日子——我妹妹常常迴避我小哥，我小哥常打我妹妹，有時是兩個人互相拼命一樣！我媽媽常常氣得要他們去外面打，死了一個再回來！」

「我從來不打架——，有打一定輸，我就常常一個人躲去唸書，沒管他們的！可是我想兄妹嘛，打打架沒甚麼，而且我們家常常罵呀鬧呀，打人也很經常，也習慣了！現在想起來，是有點不對，時間也跟我妹妹信上講的一致。我妹妹說有一年的時間她都想殺掉我小哥！——我後來感覺到我妹妹應該不會騙我——，這種事是不能騙的！」

她期待在我的眼裡找到肯定——

「而且她從來沒騙過我，我們一向最親，無話不談，她又已經結了婚了，先生好像也很好，從來沒聽她埋怨過甚麼。——她好像一切都過去了，反而很疼很疼我小哥的孩子。可是，我卻好像事情才剛發生一樣！有好一陣子我不明白她爲甚麼現在告訴我？她是期望我能做甚麼？有時我甚至很氣她爲甚麼要讓我知道這些事情，那陣子我甚至覺得她也很髒！雖然我知道她是無辜的。可是已經兩年了，我沒有辦法看我小哥，我也始終沒有回信給妹妹做任何回應，我真的不知道怎麼辦！我真的很想像我妹妹一樣，她對我小哥還能講話，對他那個孩子也是真的疼，她怎麼能這樣？……」

「妳小哥常和孩子在一起？」我必須先問這個問題。

「算了，他才沒時間！」

「假設妳小哥真強暴過妳妹妹，我們要注意小孩子的安全。」

「對自己的孩子？太恐怖了吧？」她像吃了一驚。

「是有可能的，我希望妳觀察點。」我很認真，一方面想強調「兒童虐待」的嚴重性，一方面又不能忽略她的情緒。

「可是我跟我妹妹連談都沒談過，我心裡想都不敢想——，我要怎麼開口要大家警覺？說出來又會有甚麼結果都不知道！」她逃著。

❖有了內傷的心

這個家裡有很多「隱情」。

「我覺得我的姪子好可憐！」她側頭看著桌燈。

「妳現在就要學著去想，去面對這個問題。」我執意抓回主題，幫她從正面去看問題，因為有一個小孩的安全要顧慮。

「對於妹妹的信也要反應，妳必須突破自己。妳若不能，是反映妳心中有個『黑洞』要面對啊！……」

她落寞的沉默著……

「能正面接得住別人的坦白，是絕對要學的，因爲那是鼓勵人的生命力和光明面的重要力量，更何況對方是要妳看見她的『苦』，寄望妳能爲她的掙扎與超越做一個溫柔堅強的見證，這對人的靈性會是一個最深的鼓勵。」

她咬著唇：「是——好噁心的感覺，讓我不敢想……」

「噁心？」

她陷在一團混亂裡……

我給她很多的鼓勵，直覺的問：「『強暴』讓妳聯想到甚麼？」我指的是妹妹信上所言。

「性交。」她醒過來，很肯定，「我妹還說不只一次，她抗拒，他打她，我妹——不敢跟任何人說——」忽地，她悶哭了出來，「怎麼——這麼可憐？這麼不幸——從來沒有人知道過？……我也很自疚——她告訴了我，我居然有瞧不起她的想法……我更瞧不起的應該是我哥，可是我連想都不去想他——一想到就要吐……對他一點辦法也沒法想……」千頭萬緒，她哭了出來。

「也許——他也威脅過妳，或者，他是代表著一個『威脅』——對妳造成過恐懼、厭惡，讓妳在心裡已徹底隔離他，不敢去面對他、質問他。妳把那份無能的恨錯置在妹妹身上，化成對妹妹的厭惡和對整個事情的逃避？」我說。

「不是她的錯……」她淚如泉湧，「——是我不能——她需要我——我卻無力幫……」

「我哥——可能比我爸更霸，」她試說著，「我們家，重男輕女到極點——他沒有『動』過我，妳知道我意思？——」她看我，像要我放心，「哼——但是在我們家，他沒有錯的時候！是，他老是唸第一名，他可以跟我爸平起平坐，隨便欺負我們——在我們的茶杯裡吐口水，我們都喝過，我爸知道了竟然笑，我媽還說他以後一定是不會吃虧的人，這是甚麼跟甚麼嘛？」

她無限懊惱，又繼續說：「——小時候我哥還會把我們養的鳥捉在手裡，在我們前面捏死，還又偷偷放到我妹的制服口袋裡，嚇死她又哭死她——我想到就要吐。我還記得他捏死鳥的臉——得意——又覺得很行的樣子，如果是現在，我會給他十個耳光！」我看她會！

「——他有太多太多這種事了，他欺負小動物的本事又多又可怕——我們從來沒有辦法過！」她收了些淚，力氣強了些。

有很多不正常的行爲，人並不認得，又哪裡會去想怎麼辦。

❖委屈求全

「我怕他——」她吐一口氣，「我當然怕！他不管欺負誰，爸媽永遠是罵我們，得不到公正的！更可怕的是他有出不完的主意，永遠可以挑到教妳出其不意、沒有準備的時候來整妳——後來，我竟然學會了討好他，這點更讓我瞧不起自己——」

「我恨沒有人能控制他一點，我怕他——妳知道嗎——我很早就知道怎麼去跟人『虛與委蛇』，也許人際關係裡是有些需要這樣，但是太多的時候，我就沒有辦法去平衡。我不甘心被扭曲——我開始退縮，臉變的麻木不仁，因爲我不能夠做自己，也忘了自己是甚麼樣？」她抱著臉哭著。

我沒有說甚麼，也不需說，此刻能發生的，是讓她的傷、恐懼、自我懷疑、迷惑，像現在這樣的出來，不必用「麻木不仁」來掩蓋內心的衝突與緊張。她說她與朋友的關係都很膚淺，因爲她不想知道別人的情緒、想法，也不想讓別人知道她的，一切都保持距離，敷敷衍衍、安安全全。

她需要說出來她的情緒，不只是委曲、害怕、防衛，更是背後的恨、忿怒和一種想報復的激動。當表裡整合以後，她會找回自己，這要些時間。

我忍不住的想：那個男孩的內心又是怎樣的扭曲著？有那麼多的死亡式的衝突、變了形的恐懼、失常的攻擊性，和自虐也虐人的快感！——是誰曾對他做錯了甚麼？

「妳必須要『虛與委蛇』，因爲家裡沒有人保護妳，妳嚇壞了。」我打破沉默。

「我爸喜歡他，可能是因爲他有我爸不如的狡猾。我記得——每次我媽發現我爸的外遇時，他就倒在我爸那邊，居然罵我媽是沒用的女人，還教我爸怎麼用話去頂我媽，氣死我媽！他到底知不知道自己在說甚麼？有沒有弄錯對象？我媽——除了哭，罵他去死掉，就沒了——所有的事——簡直一團錯亂！」這是個缺乏倫理的家，一切情緒對她仍像在眼前一樣。

「我好像看見妳在裡面更氣瘋了，又怕，又想殺人，但妳甚麼都不能做，母親也不能保護誰，那麼沒有尊嚴、無力，——」

❖自殤

「沒錯，是這樣，就是這樣！」她用手摀住嘴，想要壓制住甚麼，「很多次，我覺得累了，很多次我也想死——可是我不敢，也不甘心——我夢過殺人——」她說著，「——有一陣子，我用過小刀割自己的腿，很痛，看到血我會怕，不過，竟會有一種快感出來，妳知道嗎?好像報了甚麼仇，出了甚麼氣的感覺，心裡會覺得比較輕鬆一些——不緊張了——」

「後來——我自己停了。我自己看見自己這樣……我猜我有病，我還不想毀掉自己——我不甘心。」她的話像一盆冷水迎面潑來，我聽著她，用我全部的誠心與尊重。

她用雙手抱著自己，鎖在一個別人無法觸摸的空間裡。

我移到她身邊，輕輕抱住她，她崩潰的哭出來，我感覺著她每一個抽搐。

說。

我並沒有沉重的感覺，我的潛意識感受到她的堅強。

「停了！妳不會再傷自己去『懲罰』誰了，不管用甚麼方式——」我說。

「不會了——我覺得——不一樣了——」她試著坐直自己，收收神，「很多事我還沒講完——我會講——也許亂七八糟沒有次序，我也不知道次序，這個連著那個——」

「不要管次序，不重要，倒出妳的感覺來，妳的感覺會找出一切讓妳痛苦的次序來。」我說。

空氣裡散出一種輕鬆。

她突然問：「我這樣不回信——是不是也傷了她？……」她指不回妹妹的信。

「沒有，」我看著她：「妳和她算是妳家裡比較堅強的兩個人，知道受了傷要療傷——我有信心她也想找到方法走出過去，就像現在的妳——」我用力握了握她的手，然後坐回原來的位子，「我們可以一起想怎麼回妹妹的信——」我說。

「謝謝妳——！」她擠出一個淡淡微笑，像是要我安心。

她喝了些水：「其實——我對『性』的不舒服感覺，其實已經很久，這可能是我根本逃避的因素之一——」她掙扎著。

「我想我們得把這個話題留到下次繼續談了，因為今天時間不夠了。」我對她說這次談話可以在這兒停下，她了解。

我們訂下了下一個晤談時間。

不過，她後來取消了那個時間，因為要趕學期報告。這也是考驗，她要能按捺住想「說」的內心需要，負起現實的責任。

她在電話上說，她還是會拖時間，但是沒有「累」的感覺了，而且會想該放掉甚麼，把握甚麼，腦筋比較清楚些。而且有點覺得自己變「壞」了，因為會對自己心裡舒不舒服計較起來，不那麼遷就人了。我想也許她在下意識裡練習「擁有」情緒了，這是「清理」情緒前的重要步驟。我告訴她她開始在發現自己，面對自己了。

❖轉變

隔了兩星期，三月二日，再見面時，她說：「這星期我做了一個夢，也是『做愛』的夢，也是有人在看，我還是在躲，急急忙忙的找衣服遮身體，可是中間沒有了那種很羞恥、很迷失、很緊張，好像我做了甚麼錯得不得了的事的感覺，反而覺得——要看你就看嘛！你是不是有問題啊？好像……也不再在乎誰錯誰對，只覺得我是我，你是你，我不再受你們的影響，當然並不是完全沒有影響，我也不會說……」她有點興奮，臉上有真心的舒懷。

「我醒來時，第一次感到沒有不舒服，沒有以前那種好像被打敗、無助得不能呼吸，要哭又不知道是要哭甚麼的空虛感覺，我發現我還可以睡回去……我告訴自己一定要記得馬上告訴妳！」她的焦慮減少，長久處於被動、逃避、過度防衛的生命力開始凝聚。

「妳的『自主』、『自我統整』的力量出來了，開始尊重、也珍惜自己的『感覺』，那些『感覺』無論是怎樣的本質，先能『擁有』了，就能『超越』。記夢，是給自己的上、下意識一個擁有自己的『痛苦感覺』的機會。很多時候，面對問題的態度比苦苦找答案更重要，因爲讓人痛苦的經常是自疑的、不確定的態度，而不一定是沒有『答案』。」我解釋。

「我好像有一點這種感覺，我絕對不要失去這種感覺。」

她的「自主」力量，由於壓抑已久，有可能將以攻擊性、自我中心較強的行爲模式出現，這些只有等問題出現時，才能讓她看見，現在說太早。

接著，她取出一疊夢的記錄給我看。

二月十八日

我先生的迴紋針盒子被我打翻了，迴紋針都散在地上，我爬到桌下去撿，迴紋針都變成了蟑螂鬚和翅膀，很難撿……忽然又轉成我和大姊在罵我爸，說他小時候欺負我們。

夢裡迂迴的攻擊性開始針對應對的對象了。

二月十九日

大妹告訴我，小哥騷擾小妹時，她在場，還說小妹第二天就覺得沒事，高高興興的玩。我問那當時呢，小妹有沒有哭？她沒回答，我就已經嚇醒了。

仍然半敢半不敢的看問題。

二月二十日

我在看錄影帶，忽然機器壞了，帶子捲亂了，不知如何是好，很不安。媽帶姪子來看我，我很高興，一直親他，他又好像是我的孩子。

錄影帶可能是代表生活不知道從何、為何亂了？過去原諒的力量需要再鞏固一些，不安才會減少。

二月二十一日

我和先生做愛，又有人隔牆在看，我沒處躲，很生氣，那人真莫名其妙。

二月二十二日

一個很大的車禍，一路上都是受傷的、死亡的，都是洋人。車子都壞了，全毀了，路上都是血……是我唸小學回家必經的路。

和小妹在一個不知名的港口遊玩，是黃昏，我們還唱著「望你早歸」，覺得在這種情境，只有唱這首歌才是。小妹卻有些傷心，我好像知道原因，但卻藉著不停唱歌去迴避甚麼似的，很不安，那不安的感覺像被寫在日落的雲上，感覺很奇特異常。又好像能解除我長久痛苦的答案就寫在雲上，卻看不清。

她心裡早有如何做才好的答案。

二月二十三日

全家人在一個大房子裡，天一直下雨，屋頂很多漏洞，屋裡地上都是水，很不方便，也不敢上廁所，很髒，……有人來報，小哥的孩子因平日營養不良，已經重病，正奄奄一息，媽趕了去……

二月二十四日

我要洗澡，水已放好，叫小哥走開，他硬不肯，罵也不聽……，我從自己身上（手？臉？）擠出一些髒東西。

※　※　※

我和小妹一起聽唱片，唱片十分老舊，很髒，我拼命清，沒用。但小妹卻有辦法放出音樂，也知道插頭在那兒。

※　※　※

帶著孩子（我的？小妹的？姪子？不知道）要過很危險的馬路，一路坑坑洞洞的，還有會刺人的鐵絲網。

我來到一處温室，伸手要摘一顆野草莓給一個孩子吃，手卻被一種奇怪的草咬了一口，還緊緊抓著我的手不放，它躲在草叢中，無法辨認，它有保護色。

許多矛盾、衝突、困惑，但沒有恐懼和退怯，有勇氣出來要去看清楚。

※　※　※

二月二十五日

一個很大的聚會，好像是野外活動之類的，很多過去的同學都來參加，還有很大的澡堂、游泳池，都能自動調節水量，髒了自動換。食物很多，大家吃了很多。後來又變成有素菜上來，我也想吃全素，但又偷吃一口前面剩下的一塊肉，心中並無太大悔意。

二月二十六日

一個看來熟悉又陌生的地方，有小時候的家附近的建築，又有現在的家附近的建築。我一直站在路旁，看來來往往的人，有我認識的，有些不認識我，但我認識他們是我中學同學。其中有一個，曾是班上頂尖的，現在生了孩子，工作也普通，已十分庸俗。不像我，是個大學生，穿著宋明的學者服。

我把我的腳踏車、行囊先放在路旁一角，但是，等我轉頭拿時，發現有一個賊把我的腳踏車換成破舊的，還換了好幾次，被我當場逮個正著，他還辯了半天，無可奈何，放了他走，我只有騎著爛車走了。路上遇上一個很會種植物的書生，經過林厝，很驚喜，到處都種著蔬菜、水果、葡萄……很漂亮的風景。

註：林厝是小時候的老家，曾經夢過好幾十次，又髒又臭，豬屎、野草，一個角落亂過一個角落。但這次同樣的地方，卻長滿了花、葡萄，十分豔麗、豐富，連以前十分之一的髒亂都不到。

更多自主、正向的力量出現。能原諒別人偷去原屬於她的東西，能騎著「爛車」〔受傷的「我」〕繼續上路，並且創造出「新生」和「色彩」。

二月二十八日

我是飯店的服務生，人來人往，接二連三需要換床單、送茶水，不勝其擾。有人坐在床上看我，我沒穿衣服，很從容的找一件浴袍穿上，就請他出去，好讓我休息，我因為飛了好幾個大城，很累，他終於出去。還來不及關門，另一個中年，看來齷齪的男人進來，想侵犯我，我生氣、緊張、反抗，後來一群像臺灣鄉下大漢衝進來救我。後來，我不想留在那裡，雖然只穿著浴袍，拿了衣服便走了。走出去已不是大都市，而是野外、海洋、河流，心情大開，走回到以前唸的學校，總得找間廁所換衣服，女廁所很髒很髒，我又只好走開，再想辦法。

焦慮減低，能「從容」找浴袍穿上。生活依然有許多挑戰，「以前」很髒、很亂，不妨保持距離，再想解決自己的需要的方法。

※　　※　　※

看完她這回的夢的記錄，我覺得輕鬆些。

從她的夢裡心情，我們談到她漸漸會設法用新的角度、情感，去看事情，在自我保護和超越痛苦間，找尋一份平安和新的方向。

她說她喜歡起記夢，感覺到自己的許多情緒和念頭上的掙扎、衝突，常透過夢境而更放大，光是寫下來就覺得舒服、簡單多了。她顯然走進了記夢的主要功能之一，她整個人如她的夢，有朵心蓮正要脫泥而出。

❖心結

今天她還有另想要談的事。

「我並不是不能做愛，更不是討厭——我覺得我是不把它當一回事。反正做就去做，不要談就好，我也很注意衛生。任何談到性的話題，我就是會覺得很髒，我沒法控制那種反感。」

我給她一個無奈的笑：「日子總要繼續，有別的選擇？」我實說，「有時候，在人的成長過程中，任何深刻傷到自我完整性的經驗，沒有處理好，時間久了，那個經驗所留下的『情結』，會變成一個『地雷』，在生活中某一段日子裡意外爆炸，造成另一個毀滅性的故事。再不，就僵硬成了一個『心瘤』，阻止著個體的生命力的暢通，不能自由的去愛或恨，不能自由的選擇。」

很多情緒問題，不能以過去了就不要再提的態度去迴避。

「那我妹妹怎麼好的？」她問。

「我並不知道她好了沒，如果妳問的是她是否已從被小哥的強暴中走了出來。不過，她會寫信告訴妳，至少反應出了她的勇敢來。現實中能隨著時間過去而治好的傷並不多，妳的妹妹是怎麼堅強起來的，我也不知道。如果妳能看清自己對『性』的半迎半拒感覺是怎麼來的，解決了『心瘤』，就有力量去看見妹妹的掙扎和勇敢，明白妹妹可能處在的心理狀況，回妹妹的信，超越對父母和小哥的錯綜情緒，並且勇敢的去享受親密真實的男女關係。」

「為甚麼說妳對『性』的不舒服的感覺已經很久？」我問。

她喝著水，想著……

「這可能跟我父母有關，這是我自己想——從來沒說過……」

故事都有源頭——

「我的父母感情很不好，我常聽我媽咒我爸，我爸並沒有怎麼在我們面前打過我媽，但是我的印象是我媽身上常青一塊紫一塊。而且——我記得聽過我媽在房間裡哭叫，用很毒很粗的話罵我爸爸，我們小孩都很怕，也不敢問，問了就會被罵的很慘！只是覺得很奇怪，因爲我媽平常是一句粗話都不講的。但是，我記得有幾次——」

❖性虐待

她回憶——

「至少五六次，我媽哭著跟我說『男人』很可恨、下流——我還記得，她居然跟我說我爸會在做愛時用拳頭用力打她陰部，痛得她快死掉，——其它的，我就不記得了，也不—敢—記，」她把「不敢」說的很重，除了恐懼，還有厭惡，「那時大概是我上國中的時候——我只感覺，從那以後——我都不敢看我自己的下面，每次月經來都很痛苦的不得了。有好長一陣子我看我爸爸媽媽，好像不是我爸爸媽媽——」

那是一個如何崩裂、陌生、衝突的世界？

她告訴我，有許多「不可告人」的問題，曾在她的腦中重複刺激過她，像是：

「父母會做愛？是做愛還是性虐待？是性虐待還是性變態？」

「母親的下面被打？被怎麼打？被打得有多痛？『下面』，是多敏感，多秘密的地方？」

「好可怕，我的父親怎麼這樣對我的母親？還有甚麼更奇怪的、我不知道的？」

「每天晚上他們到底在做甚麼？母親今晚會不會被打？我怎麼辦？能怎麼辦呢？」

「姊姊知道了嗎？這是不是秘密呢？姊姊比我大，一定早知道！媽媽一定先告訴姊姊了？她們怎麼都沒說過甚麼？這一定是一個秘密，還輪不到我想辦法吧？我有甚麼辦法……」

我們談著，她逐漸看見：她恨自己知道這個秘密，這個秘密揭破了她對父母的「神秘」、「崇高」的無上，也是最後的信任。所有親子關係間的互動、規矩、儀式，一下子都變得虛僞空洞，卻又永遠不能去弄個水落石出的。這個秘密讓她鎖上了她的一部分生命力，以逃避那些有關『性』的羞恥，和不能營救母親的「罪惡感」。

在人際關係中，她時刻有懷疑「別人又知道些甚麼？」的無助感。面對權威或強勢角色，一有衝突時，極易過度投射出她的鄙疑、逃避、恐懼和憎惡的感覺。

一直到今天，一切都還是秘密，仍然「沒有辦法」。有關「性」和「男人」的威力，以及性暴力的秘密，阻擋了她和人建立親密、信任、平等的關係的能力。

由於這個家裡的父親的暴力、母親的屈從、亂倫、姊妹關係的迷失，造成這個家的每一個人的現在的家，也是在崩裂、陌生、衝突中。

她說到她的大姊幾次相親不成，現在是家中暴君，父親已變得老而懦弱，母親只有從錢上找到安全感，小哥是有名的律師，先後三個太太都是相打而散。

❖經　痛

她像又想到甚麼，「對了！順便問妳，妳會不會治『經前反應』？我每次不但月經來時痛，月經來以前也折磨死我！我頭痛的不得了，更不用說心情了，常常想哭，一點點小事就可以發脾氣，甚麼都不對，吃賀爾蒙也沒用！都不知道花多少錢看醫生了，全沒用！有人說這是心理的問題，是不是？」她著急著。

「生理和心理互相影響的，我會教妳方法改善──」我答，「繼續談妳記憶裡父母的性關係？」她必須談多些才能超越。

「我也記不清楚了，也不想記……」她在迴避，「想到這裡我就又很不明白，爲甚麼我媽老是會讓我扯到她的問題裡去？她怎麼不想想適不適合，或者我有沒有能力接受那些？」

她絕對有權抱怨，有太多受過傷的父母，正在不經意的傷害更多的孩子，這是個普遍的社會（世界）現象。

「華生」是一個早期很有名的心理學家，他強調不管孩子的天生稟賦如何，他都可以用「增強制約」原理，去將任何一個孩子塑造成醫生、木匠、廚師，或者農夫。他要強調的是，父母有天職要再學習，學習如何引導孩子，因為這個生命是你帶下來的。他並警告父母，特別是母親，不要用「愛」做理由而誤入孩子的天地太多。「引導」不是「主導」，許多的「愛」，在本質上是再續父母本身的「饑渴」、「自欺」或是「病態」，他建議母親在親孩子、膩孩子、抱孩子和處罰孩子的時候，要多想一下。

孩子在早年是那樣的容易被「捏塑」，是否再有機會矯正，誰都不能確定，華生很肯定社會對心理輔導這個行業的需要。

有時，很驚奇人的履敗履戰的韌度，「運氣」在其中也有它的影響，我慶幸至少她沒被「性侵犯」過。當然，那種怕被侵犯的恐懼，殺傷力也很強。

「我也不知道她怎麼想的——不過顯然她沒想正確，她可能也很無助，也許連發生了甚麼事她都不清楚，結果把一部分的妳變成了『陪葬』的——儘管——她已盡了力——」我說。

她有理由怪母親，但她要看見那就是她母親，「過去的」不能改，「未來的」不一定更好。

「也許『陪葬』的不只是我……」還有甚麼？

❖大姊

「還有一件事我一直不敢想，但印象很深……」她鼓起勇氣，「那是我在唸小學的時候，有一個下午——，我聽到大舅舅在客廳說話，他在罵我爸爸。我想是誰敢這樣對我爸，我好奇伸頭看，我爸沒看到我，我卻看到我大姊伏在冰箱旁小聲的哭。我爸的臉沒看大舅，嘴上說好啦好啦，不是你家的事！大舅舅很氣很氣，我依稀記得他對我爸說，你對你女兒做這種事，你要負責，你要遭報應！簡直是畜生嘛！」

「後來，舅舅走了，再也沒來過我家，我爸當時也出去了，剩我姊在哭。我只記得好緊張，覺得家裡是發生了甚麼事。可是到了晚上，我看我姊也沒說甚麼，我媽照樣做飯，我爸照樣看電視喝酒，一切都好像沒事。可是我很記得那天要叫我爸吃飯時，我姊是叫我爸的名字，而且從那以後就一直叫名字，有時甚至連名都不叫，變成愛叫甚麼就叫甚麼，只是都很難聽——我也奇怪，我們家怎麼沒人阻止她。我阻止她，她就像發瘋一樣的罵我，她說妳跟本不認識妳爸，他是畜生，下流！妳知道甚麼？」

「我小哥一向不聞不問父母的事，只管唸書，討好我爸，小哥嘲笑大姊神經不正常，大姊跟小哥愈來愈對立。我媽好像甚麼都看不到，只注意管好錢。可是家裡就是像有個秘密，甚麼都很不自然。我雖然不敢想，但是我有自己猜，可是真的不敢想，模模糊糊的，我猜過……是不是我爸對我姊有過性方面的侵犯？」

她看著我，這種事除了當事人，誰也沒答案。但在她心裡，她一直有她的答案，一個不確定又確定的答案，一個令她感到錯亂，想逃避親密、信任的關係的答案，可能也是寫在夢裡那片雲上的答案。

那片雲可能負載著好多東西，飄渺無形沒有重量（因爲不敢面對），被掛在遠遠的天邊。

若是順著她的答案想，我明白了一點爲甚麼大姊成了暴君，也總相親不成，也許根本不想成。

至於母親要錢，是求生的本能，她很渾沌命苦，嫁了一個把她的生命弄得更蒼白無力，更難解脫的人，那兒又有力量保護孩子？她在煉獄裡。

「我一想到這件事我就全身發冷，想吐。妳知道嗎，我甚至連看我先生都覺得髒，覺得『男人』怎麼是這樣，有太多的事超過我的想像。有時候我拒絕我先生碰我，因爲覺得男人好可怕，他們會在甚麼時候做出甚麼骯髒的事，我都不知道！」她心亂如麻的說出她有多不想和先生「做愛」的感覺。

❖婚姻的故事

「妳曾經以爲，嫁一個外地人就會忘記了過去，不明白讓妳受傷的，是對男人的性暴力與亂倫的行爲的恐懼。」我說，她沒有否認，「妳一直有辦法壓下去那份恐懼，因爲妳還有夢，還需要男性的生命力，所以妳可以用

『壓抑』的本事，在床上全面否定『性』的感受，不把它當一回事，就不會想起和『男人』相連的性暴力與亂倫，只接受白天衣冠楚楚，有保護氣慨的男人。」

「那個『保護』——也是不一定的，我先生——有他的問題……」她有些猶豫，但還是說出了先生「酗酒」的現象。

她顯然不知道在她關掉她的「性趣」時，她的先生也不明不白的受傷了，被剝奪了他應得的親密與信任。她天真的以爲一切不露痕跡，直到他的「酗酒」問題又出現。

當初，她的先生如何可能知道，隨她進入這個婚姻的，不是只有她這個人。而進入這個婚姻的雙方，也是兩個負傷的人。

「可是我知道我先生不會亂來，是我自己——是我自己的恨，無處可洩——是我排斥他，他是好人。他是有不好的地方，我是說我不喜歡的地方，像是酗酒，婚前我並不清楚。我想起了我爸爸也常喝酒，用最粗的話罵我們家女孩子，我小哥照學——我混亂一氣……我爸爸對我媽那樣，對我姊那樣，我也不知道他有沒有對我小妹怎樣——」她是真的混亂，一點也不像了解「酗酒」的意義和嚴重性，因爲顧不到了。

我追問酗酒的問題，我擔心她有沒有。

「酒與我無緣，我一口都喝不下去，可是我知道我可能依賴藥物——我自己看書知道的——我不是用毒品——我還想活。不過，我曾經太依賴安眠藥、止痛藥，就是這樣，所以我來找妳，我不要再吃藥。至於我先生，他是怪我太少答應他的要求——這跟他最近又酗酒會有關？但是他每天也很忙，常常晚回來，甚至甚麼時候回來，我都不清楚。」一臉無辜，言下也落個輕鬆清靜，「而且——他也好像不太需要一樣，我不要，他的不高興也不是很強烈。」

她的做愛次數少得嚴重，她的先生能忍受，這也是酗酒人可能有的一種自卑在作祟。表面看來是很能容忍、體諒，實際上是把壓抑下去的怒火、自我懷疑、傷痕、攻擊性、衝突等等藉酒而去，也下意識的藉著酗酒所造成的問題去報復甚麼，自己都不清楚，也不想清楚。

「清楚」這個東西太痛、太有威脅性、太孤寂。我看見她已盡力一路走來，但不知她的先生現在在那一個空間裡。

❖戒酒無名會

她需要一些常識。我翻出一些與「酗酒」有關的資料，再找幾個酗酒人「互助團體」的電話號碼，複印了，交給她。

「這些互助團體，不只是幫助會酗酒的人，也對家屬提供幫助，因爲家屬要明白爲甚麼人會選擇用酗酒來自救，卻自陷。同時，家屬也要學習用有效的方式去尊重、去幫助對方。這些都牽涉到日常生活裡的怎麼說話、怎麼合作，以及各種應對習慣，一定要透過參與這些團體，重複的去體會、去練習，沒法看看紙上原則就能知道的。」我很認眞。

「我好像聽說過他去過這種地方，那是好幾個月前了。」她模模糊糊。

「回家跟他談談，這是妳婚姻裡的致命大事，裝不知道是害他。結爲夫妻，能互相療傷，是最好的緣了。」我鼓勵她，接著給她解釋一些資料上的內容。她也多告訴了我一些他們兩人相處的情形，以及交友情形。

「我的問題一堆，現在又清楚他也有問題，我還不知道爲甚麼他會有問題呢？——我是應該想一下。他對我真的是沒甚麼要求的——」她想了想，「我忽然發現我好像並不是真的那麼愛他，當初我只想嫁的遠遠的，不要跟我的根有任何關係。他看起來有夠老實，學歷也好，大概不會沒錢。妳懂嗎？我是說——我好像最敢跟他計較，給他臉色看，甚至有時還準備好隨時離開他，我打賭他絕沒想到這些個。」她又落淚，「我不能在還沒對他好以前，就離開，說不定，他已經是我能找的最好的人。」

聽來是有可能。

「他的工作，社交情況聽來都還正常，現在看來，婚姻的品質，是決定他能否長久持續正常生活的主力。如果妳和他都去參與互助團體，一切只會更好轉——他也要用力，不是只有妳。」

「人——好可憐，好孤單，我先生可能也有很多話不能講，妳知道嗎？就像我在任何人的面前都不哭的。可是，我知道我不對勁，我常常這痛那痛，不能睡覺，一睡，甚麼夢會出現我都不知道。特別容易頭痛，我吃最高劑量的止痛藥還沒用，有時我都想打個釘子進去，把那個痛幹掉！」她真的用力搥了一下頭，非常重的一搥，嚇我一跳。
「人有很多很難講的痛……」我說。
「很多問題，很多痛，也根本不知道答案在那裡！……」她搖著頭。
我看見她平靜了些。
「打坐可以先舒解肢體的痛。」我建議著，她得學習放鬆。
「我聽過它的好處——，很久以前，我試過，沒持續下去。」她不好意思的笑。
「所有肢體放鬆的基礎訓練，道理都循著打坐的經驗轉，有坐就有好處。」
她伸手摸索著背部，「我全身都痛，打坐能多快好？」
「不一定，看妳的用功程度。坐一次就有一次的用，對於睡眠會幫助較快，長期後，也會改善經前反應。」
我又建議她去看精神科醫生吃點藥，她已經怕吃藥，也堅拒再吃藥。她同意試試打坐，下一次開始跟我學打坐，沒改進再考慮。
我們又多談了些她的經前反應現象，我翻出針對經前反應的健康食品療法的研究，建議她先試幾種健康食品。我當然不是兼做健康食品生意的，也不是婦科醫生，我知道專業倫理，我只是告訴她另一個選擇，而這個選擇是合法又安全的。我也給她一張表，教給她清楚記錄自己每日情緒變化的方法，再配合上幾種自覺與放鬆的技巧。

很多時候，當「自覺」增加後，情緒波動的嚴重性會自動顯著降低，這就是「靈性」的力量，就是人生而俱來的「自療」力量，爲自己做較好的選擇的力量。當人在「挫折感」超出身心所能負荷的程度時，這股力量就沉落下去，人性就開始退化。

爲了清楚她身體的緊張點，我並排在她身邊坐下——

「告訴我那裡最不舒服？」我問。

她指的地方正是人緊張久了就會酸痛的地方。她看過幾位醫生，也照過片子，身體機能沒有問題。她回應著我按的點，表示舒服。

「牢記這些地方，我教妳放鬆。」我注意到她明顯不安、僵直，有一道牆在我們中間。

「我太靠近？」我問。

她先否認後承認，我們又同時笑了，我沒移開，我的輕鬆更有用於她。我觸著她的緊張點，告訴她如何配合呼吸、動作去放鬆，要勤練。她變得自在的多，她有跟上來的力量。她承認沒有好的女朋友，不能想像女生間的親近，例如像女孩子們會手挽手的逛街，說悄悄話。

她和她家裡的女性又接近多少？

「我沒有排斥同性戀，是我自己，有人靠近我我就不安。」

「怎麼不安法？」

「覺得人家有企圖，覺得要抵抗甚麼衝突、麻煩——或者是——也說不上來，這樣看——好像又都是自己的幻想了，有點好笑。」她的自覺能力愈來愈好。

「多感覺幾次，有些情緒的反應——不一定都有複雜的背景。用些力覺察一下它在身上引起的緊張變化，自己就有辦法解開了，這就是人的『靈性』的功用。」

「我現在好像就不一樣了，……可是不知道以後——」有焦慮和憂鬱現象的人常會失去信心。

「繼續注意、覺察下去，直到看到自己累了，就會放下了。這種內心蛻變的經驗，都是要抓緊目標練習的。妳記夢，然後我們討論夢裡的情緒，方法也是如此，目的是要把潛意識的情節提到意識面來。夢裡人所能控制的防衛、作假能力較低些（絕不是沒有），內容所反映出的情緒衝動與行爲反應較真些，看起來也清楚些，只是一般人都忽略了。」我給她打氣。心理治療的打氣方式是：經常強化能增加對方生命自主自決力量的方法，生命力的增強不是只有稱讚對方的優點能做到的。當人心深處對自己起懷疑時，需要有正確的方法提起信心來。

我們約好了下次的晤談時間。

中間，她來過一次電話問到，人還是懶，無法如期做完該做的功課，怎麼辦？

「沒辦法。有時要讓自己掉下去，痛了就知道怎麼辦。當然妳也可以看看自己時間安排的問題，或者，妳根本不在乎那門課，只有妳自己知道。」

她笑了，說好像是最後這個原因，而且要跟我談談，裡面還有後話。

❖進步中

三月十八日，她仍然讓我先閱讀她的過去兩週的夢。她很放心把「夢」交給了一個人，這人不一定就是我，大部份已是她自己。

三月四日

小妹又變成襁褓中的嬰兒，可是病的很重，糖尿病，快死了，我帶她去一個地方求救。那個房子的二樓是木造的，上樓梯，梯子會搖晃。

對妹妹仍有愧疚感和顧忌，搖晃的梯子代表不確定，可能有危險，卻又是該走的下一步。

三月六日

我希望住進一所大博物館，好像已經是。後來帶一個陌生男子去參觀，結果每一個房間都是自然博物館的陳列，沒一間像住家。後來我的家人回來，帶回來家具，部分房間又變成居家用的，但已來不及去跟前面那位男子解釋。

三月七日

一群人在海邊，舉行一種傳統古老的儀式，祈求平安。儀式的船、服裝都很鮮豔、很美。他們時而水上，時而水中，跳舞、泅水，十分迷人。我從頭到尾都沒有參與。

處在「希望」與「現實」間，「過去」與「憧憬」間，試著想去追尋自己所想的，正向的生命力出現更多，仍有衝突，比較能控制焦慮。

三月八日

我要去參加一個甚麼會，必須更衣洗澡，怎麼都找不到一個可以換洗的地方，手上捧著衣服跑來跑去。後來好不容易找到一處，總是有人可以從窗户中或門看到我。

三月十一日

功課沒做完，抄別人的，做完了，又在紙上消失了。又找先生幫忙，他又不會，但老師就要收作業，很緊張。

※　※　※

可以看到自己的眼睛很大很大，像臉那麼大，隱形眼鏡蓋在上面，很乾，不舒服，周圍還有一圈微塵。想儘量擠出淚水，好使微塵流出，眼睛也不會那麼乾。

想「看」清楚，會「設法」看清楚，同時也會注意到不要「苦」到自己。

三月十二日

我和妹妹要去一個地方，可是公車來了又沒坐。地上很多小零錢，走幾步就撿。我們還有兩三個地方要去，我算算時間，天黑之前必定無法完成，心中焦急。

※ ※ ※

兩個陌生女子在參加考試，每錯一題，老師就打她的臉。出來以後，臉都打紅了。我叫她們快用冷毛巾敷，不要理會疼痛。她們的考卷上是有很多錯誤，我們坐下來，我一個一個教她們。

心中有主動要面對問題的力量出現（坐公車要去幾個地方），有要接受考驗（參加考試）的焦慮，而自己有能力一個一個解決了。

三月十五日

我先生出門，又回來，但長像不一樣，我叫他名字，他也應聲。他面對我，拿槍對著我，我又按不到警鈴。他看來看去，然後開門，門外擠了很多人，都是我和先生過去十幾年的老朋友、同事，還有我先生也在。原來剛才只是他們在跟我玩，沒人在意，也沒人道歉，好在我自己也挺鎮靜，沒有慌張，他們鬧了好久才漸漸散去。

過去是一場「鬧劇」？沒有人抱歉甚麼，一切仍在繼續，也許終會結束？感覺上比較能不受到像過去一樣多的威脅了，或者是明白「自己」已經漸漸遠離過去。

※　※　※

看完了她的夢的記錄，我問她自己對自己的夢的看法，也談我所看見的。

「現在——很明顯的輕鬆多了。」她帶著笑說，「睡覺已經不大是問題，雖然還有些亂七八糟的夢——過去我有一段亂七八糟的日子，現在——約略知道是怎麼回事。……」

「怎麼回事？」

「我也看了些書——像我爸爸、我小哥，我想他們是有病。我不知道當他們在做傷害到人家的事情時，他們自己腦筋裡在想甚麼，我也不想知道，當然也沒有機會去問這種事，也許你們研究這些的會知道甚麼。而我，只要他們永遠不再傷害我認識的人，我想我能夠忘記，也許——甚至原諒。」她想了一想，「他們也許根本還不在乎呢，但那是他們的『孽』了！我還要過我的日子。」

她能這樣簡單明白的交代，證明她已進一步從過去走出來。

❖母親

「可是，我母親還在用過去的樣子跟我說話，對我要求這、要求那。我現在是很同情她，可是，百分之九十九的時候，我都不同意她，甚至，很明白的知道她很荒謬，而我就是不敢掛她電話，甚至不敢『刺穿』她的矛盾，我想即使刺穿了，她可能還是不懂，空惹一頓吵架而已。我每次接到她的電話，就在緊張怎麼趕快結束這個電話。」

「妳的『焦慮』，或者說『怒火』是從那些地方來的？」我問。

「我不信任她，她很勢利眼，她不會承認的。說話都要說她要聽的，對她有利的，她很會讓大家都覺得欠她的！」

「她喜歡甚麼？」

「錢！……可是，我又想，好像也不一定。不知道，她是很會抱怨的人。我從來就不清楚她喜歡、滿意甚麼。」

「妳很氣她？」

「是，可是——不是只有因爲小時候的事……」她在找尋。

「還有甚麼？注意妳『現在』的感覺。」

她只思索了一會兒便說：「她總是站不起來！我覺得好累……。每次，跟她講話，好像就感覺到我必須要給她些甚麼，再不，她自己也會開口要求甚麼。——倒並不一定是要求錢，而是要求我要對她尊敬、依她的意思、幫她做這個、買那個、跟某個人連絡、給某個人送禮，這些都還不算，她不但要我照她所想的去做，做完了，還總找得到我做錯的地方。如果我跟她辯白，她就哭了起來，我花力氣、花時間、花錢，最後卻弄到一肚子罪惡感！我自己都覺得糊塗了，——可是，如果她不打電話來，我一方面雖然覺得輕鬆，一方面卻又胡思亂想起來，因爲她常說，明天，我還能不能聽到她的聲音就難說了，因爲她老了，身體也不好……」我意外此刻她的臉色、心情，是流露著惆悵，但又立刻明白過來。

「她畢竟是妳唯一的母親，潛意識裡妳還戀著一份對『母愛』的遐思和依賴。」

「曾經……」她羞赧的笑了笑，笑裡有著失落，「我羨慕很多孩子，擁有他們的母親爲他們做的便當、小東西、任何東西。而我，我好像是個多出來的孩子，在家裡做最多的事，說最少的話，得到的卻是最少的！我爸爸——根本不懂給，不會愛，即使他偏心我小哥，結果又怎麼樣呢？我小哥，說不定也是被我爸害到了！我媽，是專撿軟柿子吃……。像現在，我小妹住得靠近她，她就依賴小妹，發生在小妹身上的事，她不可能知道，她只知道一心一意的寵她的孫子。」她覺得荒謬。

「我呢，也是被她用來滿足她的需要。她從來就沒有問過我方不方便？有沒有時間？甚至有沒有錢？我不是要計算，我只是在想她給過我甚麼？從小到今天……我在有話要說、有困難需要幫助的時候，她都輕易的打發掉我，我當時不懂說，可是，我現在還記得當時我那種無助和自卑的感受，」她拂去兩頰的淚，揉揉臉，想放鬆點自己，「我感覺，……我的焦慮、憂鬱，真的是根深時遠。我——只有這麼一個母親，一個到現在——對孩子甚麼也不了解的母親，恐怕——也是『不敢』了解……不知道。」

她繼續：「我還在希望，她能站起來，爲了她自己，有尊嚴一點……」

「現在要妳母親學著站起來，已經不容易了。而妳，倒是可以學著用平行的角度，去看看她、看她曾經爲她的生命的成長做過甚麼、爭取過甚麼、堅持過甚麼？觀察她是怎麼面對、解決生活裡的問題、困難、打擊？再看清楚，她到底在跟妳要甚麼？妳能給嗎？有必要給嗎？要給多少？怎麼給？這些問題想明白後，慢慢心情會輕鬆些。人不是做了父母就有養育子女的智慧——妳的父母可能是在適應環境能力，或是人格發展、統整上，有了嚴重缺陷。是甚麼原因造成這個缺陷，不得而知，而就是這個缺陷，阻擋了他們有效的去愛、去引導、去保護妳們。你小哥不也是？他也不知道怎麼去帶孩子了！」我停了停，「他們都需要長期的心理治療與復健。」

我才說完，她噗嗤的笑了：「要他們接受心理輔導？除非太陽從西邊出來！沒有可能！而且，那也一定是很好笑的局面，我無法想像，等不到那麼一天的！」

「是，沒錯，妳也沒有時間等他們。妳已經長大了，獨立了，人各有命，就是這樣。」

❖面對問題的訓練

「人各有命，真的是人各有命，而每個人的命，在剛開始時，卻不是操在自己的手裡——」她想了想問：「那我可以不回母親的電話？拒絕她的要求？不聽她的一堆自哀自憐？……」

「這妳得先衡量妳的興趣、時間、能力以及耐心，再去做決定。當對方的話題、動機、要求，是妳沒有興趣、不能尊重、也不能認同時，一定要想個理由，早早婉拒，結束對話，不然，就容易發生緊張、衝突！當然，如果妳有時間，又有精神，妳願意選擇聽一會兒，也可以。可是，當下就要真的、大方的，去給對方妳的時間和耐心，不要落入舊窠，想改變對方，無謂爭辯一番，後來，再無限懊惱一番。」

「怎麼去找到一個可以保護我的『理由』，又合理，又不傷到我媽？」

「每個人都有很多沒處理好、又不自覺的情緒和需要，妳媽有，妳也有，但是卻不一定能彼此滿足、幫助，所以，妳們之間的互動，一定常有很多『雞同鴨講』、『短兵相接』的緊張和僵持。妳只要加強自己在各種的『緊張』和『僵持』時的自覺，慢慢就能發展出一套自我保護的方法，還能想出各種理由，提早去迴避掉麻煩。不要小看這種自覺，這就是學習掌握自己的命運的重要方法。」

她同意開始記錄跟母親之間的緊張狀況，然後帶來與我討論。

接下來，我教她靜坐鬆弛的方法，同時影印了一些有關靜坐的方法與功能的資料給她，中英文都有。

她意志堅定，學的很認真。我們一起靜坐了三十分鐘，起坐後，我們討論她所經驗的一些身體反應的問題，大部份都是身體緊張太久的原因。

這次談話以後，她天天練習靜坐鬆弛法，有一回，她打電話告訴我，她在靜坐後，竟有一種從未經驗過的「感動」出現，不但很感激能這樣活到今天，而且感覺到自己的「未來」，還充滿希望，路雖然還長，卻不怕甚麼了。

四月二日再見她時，又是兩個星期以後。她抱怨又忙又累，但是她的臉色光亮，神情自在多了。

照舊我先看了她的夢。

三月二十日

看完「瑪麗」的秀，感覺她已色衰，台灣都是找一些快過氣的藝人。我繞到後台去看，看見主辦人在對「瑪麗」的背部批評，說她身材大不如前，她聽了很傷心。我輕鬆的對她笑笑，說很高興在這裡看見她，以前都只在電視上看。我轉過身告訴主辦人：「她已生過孩子，身材當然不一樣！」我是在指責主辦人的無禮和低俗。我欣賞「瑪麗」全程都能帶著笑容，賣力演出。我看見另一個主辦人，是女的，她拿出一個紅包給「瑪麗」，我就背起書包準備回家了。

走出了夜總會，我知道大概是在中山北路，但我找不到回「木柵」的站牌。看見老同學也在等車，她們在教我怎麼找，怎麼擠上車，台北已不是我記憶中的台北了。我仍然在等車，看了好多過往的人，我心疲力竭。

突然從側面看到兩個小孩，一男一女，第六感告訴我再多看一眼，果真是「秦老師」，他是帶著小孩出來玩，眼前的景物突然變成一片美麗的公園。我拉著秦老師的手，說我要回家。他安慰我，願意帶我回家，他抱一抱我的肩膀，還在我的頭頂親一下。我們四人一起走著，走到有點像木柵的路上，路上好像發生事情，路旁還有賣我愛吃的什錦炒麵，秦老師說不衛生，不可以吃。

路上出現很多障礙，不好走，但仍有路可走，地上有泥巴，小孩玩的很樂。泥巴又變的像五彩顏料，很好看，濺在我的身上也不覺難看。我們繼續往前走，看到一片海洋，夕陽很美，但卻必須透過一扇百葉窗才能看見，我從縫中感嘆好美。心想要過了海洋，才能看到家。突然發現海洋變成泥巴，大家好像又回到剛才走來的路。我急問秦老師是不是走錯路了？秦老師說：「妳如果太勉強，哪兒都走不到。」

註﹝個案自己的﹞：我很喜歡這個夢，我第一次有那種「啊哈」，我明白了甚麼的感覺。不再一直想走，一直想逃避甚麼、達到甚麼，我明白「過程」比「目的」重要，醒來後一直很舒服。我要停下來、冷靜、從迷失的地方開始想起。

心靈在經驗更深一點的釋放，曾經「濺在身上的泥巴」是可以改變成一片彩雲的。

三月二十二日

我、媽、姊姊、妹妹，我們睡在一個很大的、粉紅色的蚊帳中。我肚子餓，起來找東西吃，我抱著小妹，最喜歡她的健壯小腿，她只有幾個月大。突然，我看見她的陰部變的很黑、很大，快要像男的，但知道還是個女的。我還是一直誇讚她的一雙健碩的腿。

※　※　※

大姊拿針要刺我，我躺在地上叫媽來救我，可是媽沒來，我覺得很無力。大姊似乎有辦法把針藏的很好，一下子趁人不注意，就把兩根長長的針拿出來刺我。

我們都看見這個夢仍在說著未克服的恐懼和不安。

三月二十四日

睡前看了魯迅的《祝福》，夢見自己無法連貫故事，想用英文把它寫出來，無能為力，顧此失彼。

※　　※　　※

我坐在家門口，在長板凳上寫功課、休息。兩個赤裸的男人，在離我不遠的地方，唱歌、跳舞，用一種白粉擦身體，其中一個是我最欣賞的「男星」。我沒理他們，我想，反正不是沒看過沒穿衣服的男人。

鄰居跑到我面前，笑我看沒穿衣服的男人，我說這有甚麼嘛，不理他們。後來，只剩下我和那個男星，他邀我上床，我是喜歡他，但仍擔心被人看到，我不願意。等他把大半鐵門關上後，別人已看不到，我也比較放心。但還是覺得不妥，跟他說了半天，才離開。

走出那房間，看到鄰家小弟，他的手好燙，在發燒，我說要帶他去看病。我回家換衣準備，家人說要跟醫生先約時間，我說不必，病得這麼重，醫生一定會馬上看。我正要換件洋裝，才脫去外衣，媽便不讓我去。我的衣服上脫了一條線，線被電風扇絞住了。此時，那個鄰居孩子，已變成我小哥。我告訴媽：「我是為了要救他的命。」邊說邊去關電扇，「這是救命的事。」我再說，媽還是不准。我說：「妳以為我真的怕他死嗎？他還欠我一條命，我還沒找他要！」心中想的，就是他對不起小妹，我早就想殺掉他。

心仍氣、急，但較不混亂，有知急緩的能力出現。

※　※　※

我闔上她的記錄，聽見她說：「快考試了，夢就記的少了。」她像在抱歉，但是沒有負擔。

「妳記下的都很有意思。」我說。

「還有——我睡的熟，沒覺得有讓我緊張的夢。」

「希望有一天，妳會爲了多了解自己，再開始記。」我要她輕鬆點，我自己也不是每天都記。

「對了，我差點忘記，我的『經前反應』好了快百分之八十，雖然仍然感覺得到心情上的變化，可是不那麼干擾我了，跟以前比——簡直有天壤之別……真是謝謝妳的幫助。」她快樂的像孩子。

「不謝囉！……經前反應和妳長期的焦慮、憂鬱都有關係的，而有些健康食品會對這些症狀有幫助的。」

我們接著談著她對「性」的新感覺與發現，她不再強烈覺得性是髒的、羞人的，而且經驗到只有面對內心去探索自己的情緒，才有機會知道很多的「恐懼」、「情結」並不像自以爲的嚴重。

她不再迴避和先生的性關係，並不是完全喜歡，但是因爲新的心情的出現，給她空間看見了先生對她的「需要」和「重視」，讓她感覺到兩人可以有更好的關係。

「我還是很『氣』我小哥，可是——除了氣，也沒有別的了！甚至這個時候——好像連氣都是多餘了。人各有命，是自己要步步小心，不是嗎？」

她決定暑假時回家，回家去看看每個人。

她思索著：「妳知道嗎？我現在回想……我唸博士班，就是爲了要堅持甚麼……」

「堅持？」

「對！我決心，那時我並不知道我的決心。我暗裡只有一個念頭，就是要走出自己的路，和他們不一樣，比他們更好的路！我要飛出那個家的詛咒，飛得遠遠的，然後拿了博士，有了錢，也不用很有錢，……回去告訴他們，他們再也影響不了我了！」她笑了出來，笑容裡有一份「悵然」和「都過去了」的低迴。

「妳——真喜歡唸博士？」我記得她老做不完功課，想不出心得報告。

她心虛了：「這是我心裡的『結』，……新的『結』。」

「怎麼說？」

「我發現我不想唸這個博士班了，因爲越唸越沒趣，可是，都唸了那麼久，用了我先生好多錢，甚麼錢都是他出的，我沒有賺錢。」

「他有抱怨過？」

「倒是沒有，他真的很好，我說怎麼用錢、怎麼省錢，他都聽我的。」

「我……是真的想爲自己充實些甚麼，不再爲別人。」她笑了，「而且——衣錦還鄉真不容易，我的命有可能死在這上面都沒人知道。」

「成長不容易，『歷史』它無處不在的操縱『現在』，而我們不能，也不必一掌揮開它。」我說。

她喝了些水，我們再練習靜坐。我期望她夢可以不記，但靜坐要持續。起坐後她問：「我還需要再來嗎？」

「爲甚麼想到問這個？」我並不覺得現在是可以停止的時候，卻也沒有特別的擔心。

「費用上有些壓力，還有，我覺得我知道我是怎麼回事了，我知道，還有可以再探索的，可是我想試試——停一停，妳說呢？」

「我也覺得妳好多了，真的，妳聰明，又善思、厚道，妳想試試停一停，也可以，將來有需要再談談的時候，再來。把這樣的談話，當作是探索自己，超越自己的機會。」我相信她，我猜她今天來以前就想過這個決定，這是她的方式。

她同意，臉上有著溫暖的友善，是分手的禮物。

我抱了抱她，她仍有未平撫的傷，不知道她甚麼時候會再來，但是相信她已自有方向。

人都會受傷，但不是因爲有傷，就一定活不下去了。只是在太疼的時候，需要敷藥包紮一番，繼續上路。

❖後記：

圍繞著這個個案的問題有幾個：

一、在情緒上需要許多的抒發、被尊重、被了解，學習新的想法，並與原生家庭關係作相應探討，藉此激勵個案的生命力和生活動機。

二、在自律的能力上要加強行爲改變技術的幫助。

三、在婚姻關係上需要增加彼此背景與心態的深度了解，可惜先生不來參與。

四、夢裡的情緒比情節重要，記夢也是爲訓練面對個案所不敢面對、不清楚、來不及，或不懂得如何面對的情緒。

五、在專業倫理上我們要對個案說明服用精神藥物的目的和必要性。也要嚴密注意自殺防範步驟與過程。

我們這一行在面對不同的人的苦惱時，並沒有甚麼公式、標準答案，因爲每一個人都是一個單獨系統狀況，相同的部份多是表面的情緒現象，有時候連那些情緒都是假相。

有些人是需要多一點的「引導」，多半受創愈深愈久的人，以及天生神經系統體質有問題的人，需要愈多引導，甚至需要藥物治療的幫忙。有些人的心裡會強力反抗服用藥物，錯誤的認爲服藥是一種羞恥，剛開始很不容易勉強。不過，也有很多情形下，來求助的人是不一定需要服藥的，結果醫生也給了藥。

心理出版社有限公司圖書目錄

※為1997 年6 月後新書

A.心理叢書

【一、心理學系列】

A1-001	認知心理學	鍾聖校著
A1-002	兒童認知發展	林美珍著
A1-004	發展心理學（修訂版）	蘇建文等著
A1-007	變態心理學（修訂版）	林天德著
A1-008	人格心理學	E.J.Phares著・林淑梨等譯
A1-009	組織心理學	陳彰儀著
A1-010	社會與人格發展（精裝）	D.R.Shaffer著・林翠湄譯
A1-011	學習與教學	R. M. Gagne著・趙居蓮譯
A1-012	心理衡鑑	M. P. Maloney & M. P. Warde著・許文耀總校閱
A1-014	青少年發展	李惠加著
A1-018※	運動心理學論文集(第一集)	王俊明・季力康主編

【二、一般心理系列】

A2-001	智力新探	魏美惠著
A2-002	心理測驗與統計方法	簡茂發著
A2-005	縱論發展心理學	蘇冬菊譯
A2-006	教師心理衛生	王以仁等著
A2-007	心理測驗的發展與應用	中國測驗學會主編
A2-008	華文社會的心理測驗	中國測驗學會主編
A2-009	現代測驗理論	王寶墉編著
A2-010	教育測驗與評量（附磁片）	余民寧著
A2-011	心理與教育測驗	周文欽等著
A2-012	壓力管理	J.S.Greenberg著・潘正德譯
A2-013	心理衛生與適應	王以仁等著

【三、心理治療系列】

B1-022	精神醫學是什麼？－對自己行為的瞭解	黃堅厚譯
B1-025	輔導原理	吳武典等著
B1-027	邁向21世紀輔導工作新紀元	中國輔導學會主編
B1-029	教育與輔導的發展取向	鄭崇趁著
B1-030	個案研究	陳李綢著
B1-031	個別輔導手冊	林幸台主編
B1-032	團體輔導手冊	吳武典主編
B1-033	成長營活動手冊	劉安屯主編
B1-034	偏差行為輔導與個案研究	林朝夫著
B1-035	輔導理論與實務－現況與展望	中國輔導學會主編
B1-036	認知發展與輔導	陳李綢著
B1-037	學習輔導－學習心理學的應用	李咏吟等著
B1-038	諮商工作實務	A.S.Zaro等著．陳金定編譯
B1-039	兒童虐待－如何發現與輔導[兒童虐待]家庭	黃惠玲等著
B1-041	諮商理論．技術與實務	潘正德編著
B1-043	認知過程的原理	L.Mann等著．黃慧真譯
B1-044	兒童諮商理論與技術(精裝)	葉貞屏等編譯
B1-045	兒童偏差行為的輔導與治療	陳東陞等著
B1-046	諮商倫理	楊瑞珠總校閱
B1-047	輔導原理與實務	馮觀富編著
B1-048	生涯發展與輔導	鍾思嘉校閱
B1-049※	團體動力與團體輔導	徐西森著
B1-050※	兒童輔導原理	王文秀等著

【二、社會工作系列】

B2-001	義工制度的理論與實施	吳美慧等著
B2-002	兒童與青少年團體工作	S.D.Rose等著．邱方晞等譯
B2-003	動機式晤談法	W.R.Miller等著．楊筱華譯
B2-004	老人福利服務	李開敏等譯
B2-005	社區學校化	中華民國社區教育學會主編
B2-006	組織結社—基層組織領導者手冊	陶蕃瀛譯
B2-024	成年觀護新趨勢	黃富源等著

C.教育叢書

【一、一般教育系列】

C1-001	教育與輔導的軌跡	鄭崇趁著
C1-002	教育理想的追求	黃政傑著
C1-004	教室管理	許慧玲編著
C1-005	教師發問技巧	張玉成著
C1-006	初等教育	陳迺臣等著
C1-007	教學媒體與教學新科技	張霄亭總校閱
C1-009	班級經營	吳清山等著
C1-010	教育哲學	陳迺臣著
C1-011	西洋教育哲學導論	陳照雄著
C1-012	社會教育活動方案設計	邱天助著
C1-013	健康教育－健康教學與研究	晏涵文著
C1-014	教育理念革新	黃政傑著
C1-015	家政課程研究	黃世鈺著
C1-016	教育計畫與評鑑	鄭崇趁著
C1-017	教育與心理論文索引彙編（二）	王仙霞等編著
C1-018	學校行政（精裝）	吳清山著
C1-019	開放社會的教育改革	歐用生著
C1-020	未來教育的理想與實踐	高敬文著
C1-021	國小體育實務	林貴福著
C1-022	教育老年學	邱天助著
C1-023	教學媒體	劉信吾著
C1-024	質的教育研究方法	黃瑞琴著
C1-025	道德教學法	謝明昆著
C1-026	中國儒家心理思想史（上下）	余書麟著
C1-027	生活教育與道德成長	毛連塭著
C1-028	學習理論與教學應用	B.Gredler著．吳幸宜譯
C1-029	國民小學社會科教材教法	盧富美著
C1-030	終生教育新論	黃振隆著
C1-031	知識與行動（精裝）	黃光國著
C1-032	教育計畫與教育發展	王文科著
C1-033	教育改革與教育發展策略	吳清山著
C1-034	邁向大學之路－各國的考試政策與實務	黃炳煌校閱

C1-035	班級經營—做個稱職的老師	鄭玉疊等著
C1-036	健康生活—健康教學的內涵	鄭雪霏等著
C1-037	孔子的哲學思想	李雄揮著
C1-038	兒童行為觀察法與應用	黃意舒著
C1-039	教育改革—理念、策略與措施	黃炳煌著
C1-040	教育哲學導論—人文、民主與教育	陳迺臣著
C1-041※	成人教育的思想與實務—現代與後現代的論辯	王秋絨著
C1-042※	初等教育—理論與實務	陳迺臣等著
C1-043※	親職教育的原理與實務	林家興著
C1-044※	社會中的心智	L. S. Vygotsky著．蔡敏玲．陳正乾譯
C1-045※	教室言談	蔡敏玲譯
C1-046※	國小班級經營	張秀敏著

【二、幼兒教育系列】

C2-001	幼兒教育之父—福祿貝爾	李園會著
C2-002	開放式幼兒活動設計	盧美貴著
C2-003	皮亞傑式兒童心理學與應用	John L. Phillips著．王文科編譯
C2-004	幼稚園的遊戲課程	黃瑞琴著
C2-005	幼稚園與托兒所行政	蔡春美等著
C2-006	學習環境的規畫與運用	戴文青著
C2-007	幼兒教育課程設計	陳淑琦著
C2-008	創作性兒童戲劇入門	B.T.Salisbury著．林玫君編譯
C2-009	嬰幼兒特殊教育	柯平順著
C2-010	幼兒數學新論－教材教法	周淑惠著
C2-011	幼兒發展評量與輔導	王珮玲著
C2-012	近代幼兒教育思潮	魏美惠著
C2-013	幼兒健康安全與營養	L.R.Marotz等著．黃惠美等譯
C2-014	兒童繪畫心理分析與輔導	范瓊方著
C2-016	幼兒全人教育	J.Hendrick著．幸曼玲校閱
C2-017	看圖學注音	林美女編著
C2-018	幼兒行為與輔導—幼兒行為改變技術	周添賜等譯
C2-019	幼兒自然科學經驗—教材教法	周淑惠著
C2-020	嬰幼兒遊戲與教具	吳文鶯．張翠娥著
C2-021※	幼兒小組活動設計	楊淑朱著

C2-022※	感覺整合與兒童發展—理論與應用	羅均令著
C2-023※	幼兒教育史	翁麗芳著

【三、特殊教育系列】

C3-001	資優學生鑑定與輔導	中華民國特殊教育學會主編
C3-002	資優教育課程與教學	中華民國特殊教育學會主編
C3-003	資優學生創造力與特殊才能	中華民國特殊教育學會主編
C3-005	特殊教育課程與教學	中華民國特殊教育學會主編
C3-006	智能不足教育與輔導	中華民國特殊教育學會主編
C3-007	為障礙者開啟一扇門	張寧生著
C3-008	特殊教育的理念與做法	吳武典著
C3-009	綜合充實制資優教育	毛連塭著
C3-011	學習障礙兒童的成長與教育	毛連塭著
C3-012	語言病理學基礎（第一卷）	曾進興主編
C3-013	生活適應能力檢核手冊	王天苗著
C3-014	資優課程設計－有效的資優課程規畫方案	王文科編著
C3-015	智能不足者個別教育計畫	瑞復益智中心編著
C3-016	音樂治療與教育手冊	林貴美著
C3-017	資源教室的經營與管理	黃瑞珍著
C3-018	生命的挑戰	中華民國特殊教育學會主編
C3-020	特殊教育導論	王文科主編
C3-021	自閉症兒與教育治療	曹純瓊著
C3-022	單一受試研究法	J.W.Tawney等著・杜正治譯
C3-023	語言與聽力障礙之評估	中華民國聽力語言學會主編
C3-024	學習障礙者教育	洪儷瑜著
C3-026	語言病理學基礎第二卷	曾進興等著
C3-027	心智障礙者成果管理	A. Dykstra Jr.著・陳瑞苓譯
C3-028	中重度障礙者有效教學法：個別化重要技能模式	K. T. Holowach著・邱上真・陳靜江校閱
C3-029	學習障礙	高野清純著・陳瑞郎譯
C3-030※	學前發展性課程評量(指導手冊)	林麗英編製
C3-031※	學前發展性課程評量(題本)	林麗英編製
C3-032※	學前發展性課程評量(側面圖)	林麗英編製
C3-033※	資優教育的革新與展望	特教學會主編

C7-008	心與腦	徐嘉宏等著

【八、兒童心理成長故事集】

第一輯	陪孩子提昇EQ的故事	洪儷瑜主編
C8-001※	小小與心情王國	黃玲蘭著
C8-002※	留級生教授	丁凡著
C8-003※	最棒的過動兒	何善欣著
C8-004※	快樂說晚安	趙映雪著

【九、生活數學系列】

C9-001※	數學年夜飯	黃敏晃著

E.企管叢書

E1-001※	組織訓練	I. L. Goldstein著．黃秉德校閱

T.總經銷

T0-003	輔導行政	馮觀富編著
T0-008	壓力．失落的危機處理	馮觀富編著
T0-009	教育．心理．輔導精解（上中下）	馮觀富編著
T0-010	宗教的教育價值	陳迺臣著
T0-011	特殊教育的展望	山口薰．金子健著
T0-012	原生家庭(6卷錄音帶)	紀惟明等主講
T0-013	OFFICE EQ(4卷錄音帶)	紀惟明主講
T0-014	OFFICE 新知(4卷錄音帶)	董家儀主講
T0-015	性教育(2卷錄音帶)	林燕卿主講
T0-025	兒童權利公約	李園會編著

V.諮商實務有聲圖書

V0-011	諮商實務錄影帶全套(十卷，含學習手冊)	蕭文策畫
V0-012	學習手冊	蕭文策畫製作

永然法律事務所聲明啟事

本法律事務所受心理出版社之委任爲常年法律顧問，就其所出版之系列著作物，代表聲明均係受合法權益之保障，他人若未經該出版社之同意，逕以不法行爲侵害著作權者，本所當依法追究，俾維護其權益，特此聲明。

永然法律事務所

李永然律師

心理治療 9

澗邊幽草—心理治療的藝術

作　　者：王麗文
總 編 輯：吳道愉
執行編輯：張毓如
發 行 人：邱維城
出 版 者：心理出版社有限公司
社　　址：台北市和平東路二段 163 號 4 樓
總　　機：(02) 27069505
傳　　眞：(02) 23254014
郵　　撥：0141866-3
E-mail：psychoco@ms15.hinet.net
駐美代表：Lisa Wu
Tel：973 546-5845　Fax：973 546-7651
法律顧問：李永然
登 記 證：局版北市業字第 1372 號
印 刷 者：翔勝印刷有限公司
初版一刷：1997 年 4 月
初版二刷：1998 年 7 月

定　價：新台幣 200 元

ISBN 957-702-222-7

國家圖書館出版品預行編目資料

澗邊幽草：心理治療的藝術 / 王麗文著. –
初版. -- 臺北市：心理，1997[民 86]
面；　公分.--（心理治療系列；9)

ISBN 957-702-222-7(平裝)

1. 心理治療

178.8　　86003376

心理出版社有限公司
台北市106和平東路二段163號4樓

TEL:(02)2706-9505
FAX:(02)2325-4014
EMAIL:psychoco@ms15.hinet.net

沿線對折訂好後寄回

六、您希望我們多出版何種類型的書籍

❶□ 心理❷□ 輔導❸□ 教育❹□ 社工❺□ 測驗❻□ 其他

七、如果您是老師，是否有撰寫教科書的計劃：□ 有□ 無

書名/課程：________________________

八、您教授/修習的課程：

❶上學期：________________________

❷下學期：________________________

❸進修班：________________________

❹暑　假：________________________

❺寒　假：________________________

❻學分班：________________________

九、您的其他意見

____

謝謝您的指教！

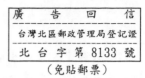

讀者意見回函卡

No.______　　　　　　　　　　　　　　　　　　　　填寫日期：　年　月　日

感謝您購買本公司出版品。為提升我們的服務品質，請惠填以下資料寄回本社【或傳眞(02)2325-4014】提供我們出書、修訂及辦活動之參考。您將不定期收到本公司最新出版及活動訊息。謝謝您！

姓名:____________________　性別：1□男 2□女

職業:1□教師 2□學生 3□上班族 4□家庭主婦 5□自由業 6□其他______

學歷:1□博士 2□碩士 3□大學 4□專科 5□高中 6□國中 7□國中以下

服務單位:________________　部門:____________職稱:________

服務地址:______________________電話:________傳眞:________

住家地址:______________________電話:________傳眞:________

書名：____

一、您認為本書的優點：（可複選）

❶□內容 ❷□文筆 ❸□校對❹□編排❺□封面 ❻□其他______

二、您認為本書需再加強的地方：（可複選）

❶□內容 ❷□文筆 ❸□校對❹□編排 ❺□封面 ❻□其他______

三、您購買本書的消息來源：（請單選）

❶□本公司 ❷□逛書局⇨______書局 ❸□老師或親友介紹

❹□書展⇨____書展 ❺□心理心雜誌 ❻□書評 ❼□其他______

四、您希望我們舉辦何種活動：（可複選）

❶□作者演講❷□研習會❸□研討會❹□書展❺□其他________

五、您購買本書的原因：（可複選）

❶□對主題感興趣 ❷□上課教材⇨課程名稱________________

❸□舉辦活動 ❹□其他________________

（請翻頁繼續）